ESTE LIBRO PERTENECE A:

Fortalecidos en la verdad
que se les enseñó

2

– LA SERIE 2:7 –

UN RECURSO DE DISCIPULADO DE NAVPRESS

Un instrumento comprobado para hacer discípulos

CULTIVANDO RAÍCES

en la familia de Dios

Un recurso de NavPress publicado por Tyndale House Publishers

NavPress es el ministerio editorial de Los Navegantes, una organización cristiana internacional y líder en el desarrollo espiritual. NavPress está dedicada a ayudar a la gente a crecer espiritualmente y a disfrutar de vidas con propósito y esperanza, mediante recursos personales y de grupo que están fundamentados en la Biblia, que son culturalmente pertinentes y altamente prácticos.

Para más información, visite NavPress.com.

Cultivando raíces en la familia de Dios: Un curso de discipulado para fortalecer su caminar con Dios

Un recurso de NavPress publicado por Tyndale House Publishers

Traducción al español: Mayra Urízar de Ramírez

Para información acerca de descuentos especiales para ventas al por mayor, por favor contacte a Tyndale House Publishers a través de espanol@tyndale.com.

ISBN 978-1-63146-723-3

Impreso en los Estados Unidos de América
Printed in the United States of America

26 25 24 23
10 9 8 7 6

AGRADECIMIENTO

Estamos agradecidos por los esfuerzos dedicados de Ron Oertli, quien originó el concepto de La Serie 2:7 y es su autor principal. Ron es también la persona clave responsable de esta edición actualizada. Esta estrategia de entrenamiento en el discipulado comenzó en Denver en 1970 y continúa siendo muy eficaz en muchas partes alrededor del mundo.

CONTENIDO

MI REGISTRO DE TAREAS COMPLETADAS

A medida que completa cada punto, pídale a alguien de su grupo que rubrique ese punto con sus iniciales y la fecha.

PASAJE BÍBLICO DE MEMORIA	INICIALES	FECHA
Versículos requeridos: «Viva la vida nueva»		
«Cristo el centro»—2 Corintios 5:17		
«La obediencia a Cristo»—Romanos 12:1		
«La Palabra»—2 Timoteo 3:16		
«La oración»—Juan 15:7		
«La comunión»—Hebreos 10:24-25		
«Dar testimonio»—Mateo 4:19		
Versículos recomendados pero opcionales: «Viva la vida nueva»		
«Cristo el centro»—Gálatas 2:20		
«La obediencia a Cristo»—Juan 14:21		
«La Palabra»—Josué 1:8		
«La oración»—Filipenses 4:6-7		
«La comunión»—1 Juan 1:3		
«Dar testimonio»—Romanos 1:16		
Citó los seis versículos requeridos de «Viva la vida nueva»		
Citó los doce versículos de «Viva la vida nueva»		
Citó sus versículos de memoria del libro 1		
Repasó los versículos de memoria del libro 1 durante 14 días consecutivos		
Completó el Cuestionario de los principios para la memorización de las Escrituras de la página 19		
Completó el Cuestionario de autoevaluación de las páginas 46-48		
TIEMPO A SOLAS		
Completó *Los puntos sobresalientes de mi lectura* durante 14 días consecutivos		
TESTIFICAR		
Disfrutó una actividad relacional (página 56)		
Contó «Mi historia» con un bosquejo en menos de 4 minutos		
ESTUDIO BÍBLICO		
Sesión 2—Madurar en Cristo (páginas 19-24)		
Sesión 3—La guerra espiritual (páginas 34-37)		
Sesión 4—La fe y las verdades de Dios (páginas 40-44)		
Sesión 5—Saber la voluntad de Dios (páginas 48-52)		

Sesión 6—Caminar como un siervo (páginas 57-60)		
EJERCICIO DE GRUPO		
Participó en un tiempo extenso con Dios		
OTROS		
Leyó y marcó «La evangelización a través de relaciones personales» (páginas 26-34)		
Leyó y marcó *Mi corazón, el hogar de Cristo* (páginas 85-93)		
Completó las páginas 94-95		
Leyó «Sugerencias para su tiempo extenso con Dios» (páginas 97-109)		
REVISIÓN DEL LÍDER		
Se graduó de *Cultivando raíces en la familia de Dios*		

ABREVIATURAS DE LAS VERSIONES BÍBLICAS

A menos que se identifique de otra manera, las citas bíblicas son de la *Santa Biblia*, Nueva Traducción Viviente. Puede consultar esta lista otra vez cuando encuentre abreviaturas de versiones bíblicas desconocidas.

- (DHH) Dios Habla Hoy
- (LBLA) La Biblia de las Américas
- (NTV) Nueva Traducción Viviente
- (NVI) Nueva Versión Internacional
- (RVR60) Reina-Valera 1960
- (TLA) Traducción en lenguaje actual

LA ILUSTRACIÓN DE LA RUEDA

SESIÓN 1

BOSQUEJO DE ESTA SESIÓN

1. Inicie la sesión con oración.
2. Examine el «Repaso de las metas del libro 1 de La Serie 2:7» (páginas 9-10).
3. Dele un vistazo previo al libro 2 leyendo *Mi registro de tareas completadas* (páginas 7-8).
4. ¿Va a memorizar con la misma traducción que usó con el libro 1?
5. Estudie la «Guía de memorización de las Escrituras—Semana 1» (páginas 10-11).
6. Lea en voz alta «El *SMT* en el libro 2» y «El estudio bíblico en el libro 2» (páginas 11-13).
7. Lea y discuta «Principios para la memorización de las Escrituras» (página 13).
8. Discuta «Sugerencias prácticas en cuanto a la oración» (páginas 14-15). Ubique las hojas de oración al final de este libro (páginas 145-150).
9. Lea la «Tarea para la sesión 2» (página 16).
10. Termine la sesión con oración.

REPASO DE LAS METAS DEL LIBRO 1 DE LA SERIE 2:7

Las metas del libro 1 fueron:

1. Disfrutar la lectura bíblica al:
   a. Usar una traducción contemporánea o una paráfrasis.
   b. Usar un método para marcar la Biblia.
2. Memorizar con éxito los cinco versículos de memorización de las Escrituras que se encuentran en *Comenzando con Cristo*, y tener la opción de memorizar un versículo de alcance.
3. Experimentar tiempos a solas más constantes y significativos al:
   a. Combinar una lectura bíblica significativa y oración.
   b. Lograr tener siete tiempos a solas consecutivos durante el curso.
   c. Registrar diariamente los pensamientos del tiempo a solas en una página de *Los puntos sobresalientes de mi lectura*.
4. Estudiar y discutir La ilustración de la rueda.
5. Estudiar y discutir «La tiranía de lo urgente».

6. Entender el valor de las ilustraciones de la rueda y la mano.
7. Llegar a una convicción más profunda en cuanto a las razones para memorizar las Escrituras y llegar a identificar los obstáculos posibles para trabajar bien en la memorización de las Escrituras.
8. Establecer un listado de oración por la evangelización.

GUÍA DE MEMORIZACIÓN DE LAS ESCRITURAS—SEMANA 1

EXTRACTOS DEL *SISTEMA DE MEMORIZACIÓN POR TEMAS (SMT)*[1]

¡Usted puede memorizar las Escrituras!

Su memoria es buena. ¿Cree que tiene una mala memoria? Espere un momento. ¿Cuál es su dirección? ¿Su número de teléfono? ¿Qué de toda esa información de su trabajo que se sabe de memoria? ¿Qué de toda la gente a la que llama por nombre? ¿O los hechos y las cifras que puede recitar de su deporte o pasatiempo favorito? Como puede ver, su memoria es en realidad bastante buena después de todo. Es fácil memorizar cualquier cosa cuando verdaderamente le interesa, o la usa a menudo.

La actitud marca la diferencia. Una buena memoria no es algo que se tiene o no se tiene. Es una habilidad y, así como cualquier otra habilidad, puede ser mejorada. La actitud puede marcar una diferencia. Adopte una actitud de confianza en la memorización de las Escrituras, y eso le ayudará a que su memoria funcione.

Cuente con la ayuda de Dios. He aquí un poco de ánimo adicional: usted puede contar con Dios para que él le ayude a memorizar las Escrituras, porque él quiere que su Palabra esté en el corazón de sus hijos. «Grábate en el corazón estas palabras que hoy te mando» (Deuteronomio 6:6, NVI); «Que habite en ustedes la palabra de Cristo con toda su riqueza» (Colosenses 3:16, NVI).

¿Por qué los temas?

En el libro 1, usted se aprendió los temas y las citas, así como los versículos. Aquí, en el libro 2, hará lo mismo.

Dos razones importantes para saberse los temas de los versículos que usted memoriza son:

1. Los temas le ayudan a entender los versículos y hacen que sea más fácil memorizar y repasar.
2. Los temas le dan las pistas mentales para sacar algún versículo en particular de su memoria cuando lo necesite. Le ayudan a recordar el versículo correcto cuando medita, testifica, aconseja, hace un estudio bíblico o prepara una plática.

Así que, familiarícese con los temas de «Viva la vida nueva» de la página 17 y apréndase cada tema junto con los versículos.

Ayudas para la memorización de las Escrituras en el libro 2

Las guías semanales de memorización en este curso le ayudan en cuatro áreas:

1. Cómo *memorizar* versículos de la Biblia más fácilmente.
2. Cómo *aplicar* los versículos a nuestra vida.
3. Cómo *repasarlos* para que podamos tenerlos al alcance de la mano.
4. Cómo *continuar* memorizando las Escrituras después de terminar este curso.

EL *SMT* EN EL LIBRO 2

Como quizás lo sepa, NavPress publica un curso de memorización de las Escrituras llamado el *Sistema de Memorización por Temas* (*SMT*). (Puede que durante los próximos años, usted elija completar el *SMT*). El curso entero contiene sesenta versículos agrupados en cinco temas importantes:

A. Viva la vida nueva	12 versículos
B. Proclame a Cristo	12 versículos
C. Dependa de los recursos de Dios	12 versículos
D. Sea un discípulo de Cristo	12 versículos
E. Crezca hacia la semejanza en Cristo	12 versículos

Cada tema (de la A a la E) tiene seis subtemas. Todos los versículos tratan áreas importantes de la vida cristiana.

En el libro 2, memorizará versículos de «Viva la vida nueva». Observe que los temas son los mismos temas importantes que discutió en sus estudios bíblicos del libro 1.

Viva la vida nueva (*SMT*)	**Requerido:**	**Recomendado pero opcional:**
Cristo el centro	2 Corintios 5:17	Gálatas 2:20
La obediencia a Cristo	Romanos 12:1	Juan 14:21
La Palabra de Dios	2 Timoteo 3:16	Josué 1:8
La oración	Juan 15:7	Filipenses 4:6-7
La comunión	Hebreos 10:24 25	1 Juan 1:3
Dar testimonio	Mateo 4:19	Romanos 1:16

Probablemente su primera pregunta es: «¿Debo memorizar todos estos doce versículos grandiosos para graduarme del libro 2?», o «¿Cómo me sería posible memorizar doce versículos durante este curso? ¡Apenas pude memorizar los versículos del libro 1!». La respuesta directa es que puede graduarse del libro 2 al citar perfectamente un versículo de cada uno de los seis temas; es decir, seis versículos de memoria. Pero se recomienda encarecidamente que cite los doce.

A miles de personas les ha parecido que memorizar doce versículos en el libro 2 es más fácil que memorizar los versículos del libro 1. Aprendieron a aplicar los principios para memorizar y repasar los versículos de las Escrituras. Siguieron repasando las fichas de versículos que ya se sabían. Luego se enfocaron en aprenderse un versículo nuevo (frase por frase) durante un período de dos días. Siguieron repasando ese versículo, preferiblemente más de una vez al día. Luego, durante dos días más, memorizaron el segundo versículo. Eso les dejó tres días para continuar repasando los dos versículos nuevos antes de su segundo grupo semanal 2:7. ¡Esto es factible!

¡Dese un regalo! Dedíquese a los doce versículos mientras está entre amigos en un ambiente positivo de memorización de las Escrituras. Es una inversión relativamente pequeña que puede producir enormes dividendos. Si sigue las pautas y los principios comprobados para la memorización de las Escrituras, ocurrirá con usted como ha ocurrido con muchos otros.

EL ESTUDIO BÍBLICO EN EL LIBRO 2

La Biblia es un libro de vida, un tesoro de verdad. Sus enseñanzas...

> reavivan el alma...
> hacen sabio al sencillo...
> traen alegría al corazón...
> dan buena percepción para vivir...
> son más deseables que el oro...
> son más dulces que la miel.
>
> —Salmo 19:7-10

La sabiduría y las riquezas abundantes que Dios ha provisto en su Palabra están disponibles para cada cristiano, pero solo las experimentan aquellos que persistentemente las buscan. La meditación y la oración son dos llaves que abren este depósito de la sabiduría de Dios a medida que usted estudia. Meditar en oración en cada versículo que busca le ayuda a entender su significado y su aplicación para la vida diaria.

Mientras continúa caminando con Cristo, puede preguntarse cuál es el plan y el propósito de Dios para su vida y cómo puede caminar de mejor manera por fe. Durante este curso, sus estudios bíblicos cubren cinco temas importantes acerca de su caminar con Cristo:

- Madurar en Cristo
- La guerra espiritual

- La fe y las verdades de Dios
- Saber la voluntad de Dios
- Caminar como un siervo

PRINCIPIOS PARA LA MEMORIZACIÓN DE LAS ESCRITURAS

MIENTRAS COMIENZA A MEMORIZAR EL VERSÍCULO

1. Estudie la guía de memorización de las Escrituras cada semana. Le será sumamente útil.
2. Es bueno leer los versículos que están antes y después de un versículo de memoria; es decir, el contexto o escenario del versículo.
3. Adquiera una clara comprensión del significado de cada versículo. Tal vez lea el versículo en otra traducción o haga una paráfrasis para que sea más claro.
4. Lea el versículo atentamente, en voz alta o susurrando. Vea el versículo como un todo. Cada vez que lo lea, diga el tema, la cita, el versículo y la cita.
5. Discuta el versículo con Dios en oración. Pídale una nueva perspectiva y una aplicación apropiada.

MIENTRAS ESTÁ MEMORIZANDO EL VERSÍCULO

6. Apréndase el tema, la cita y la primera frase como una unidad.
7. Después de aprenderse el tema, la cita y la primera frase, siga agregando una frase a la vez hasta que pueda decir todo el versículo.
8. Trabaje con el versículo en voz alta tan frecuentemente como pueda.
9. A medida que memoriza y repasa el versículo, piense en cómo se aplica a su propia vida y a las circunstancias diarias.
10. Incluya siempre el tema y la cita al principio y la cita al final.
11. Un hábito excelente es usar los momentos libres durante el día (como cuando espera, camina o conduce) para repasar y meditar en los versículos.

DESPUÉS DE QUE PUEDA DECIR CORRECTAMENTE EL TEMA, LA CITA, EL VERSÍCULO Y LA CITA

12. Repase el versículo frecuentemente (incluso varias veces al día) en los primeros días después de habérselo aprendido. Eso lo planta sólidamente en su mente.
13. Después de aprenderse el versículo, escríbalo o cíteselo a alguien para profundizar esa temprana impresión en su mente.
14. ¡Repase, repase, repase! La repetición es el mejor método para fortalecer su comprensión de los versículos que ha memorizado. Le ayuda a mantener su habilidad de citarlos.

SUGERENCIAS PRÁCTICAS EN CUANTO A LA ORACIÓN

UN FORMATO DE ORACIÓN SUGERIDO: ACAS O CAAS

Los discípulos le pidieron a Jesucristo que les enseñara a orar (Lucas 11:1-4). Él les dio un patrón que comenzaba con alabanza y adoración y terminaba con súplica.

Una forma útil de seguir este patrón es usar el acrónimo ACAS (adoración, confesión, acción de gracias y súplica). Algunos prefieren encargarse de la confesión primero, antes de continuar con su tiempo de oración: CAAS.

Por favor, busque los siguientes versículos y escriba un pensamiento de resumen para cada uno:

Adoración: alabar el carácter y los atributos de Dios

1 Crónicas 29:11 ______

Salmo 145:1-3 ______

Confesión: confesar nuestros pecados a Dios (algunos prefieren hacer esto primero)

Salmo 32:5 ______

Job 42:5-6 ______

Acción de gracias: expresar nuestra gratitud a Dios

Efesios 5:20 ______

Salmo 100:4 ______

Súplica: una oración humilde a Dios, pidiéndole por nosotros o por los demás

Mateo 7:7-8 ______

Santiago 4:2 ______

Este formato de oración es un método que puede utilizar por una semana o dos y luego cambiar por otro patrón. Unas semanas después, quizás querrá volver a él. Úselo tanto o tan poco como usted decida.

> Dedíquense a la oración con una mente alerta y un corazón agradecido. —Colosenses 4:2

CÓMO UTILIZAR LAS HOJAS DE ORACIÓN

Al final de este libro, encontrará hojas de oración en blanco. También están disponibles, junto con otros materiales, para descargar en www.serie2-7.com.

Es de gran estímulo ver respuestas a la oración. Llevar un registro de cómo Dios ha respondido nos pone más atentos a su forma de obrar y nos recuerda que debemos ser agradecidos. Podemos esperar respuestas a nuestras oraciones que están de acuerdo a su voluntad (1 Juan 5:14-15).

No cada petición de oración que hagamos tiene que estar escrita en una hoja de papel. Puede anotar las peticiones que quiera presentarle al Señor repetidas veces: problemas de la vida, la familia, el ministerio, el trabajo y así sucesivamente. Sea específico en sus oraciones. Sea audaz. Siga el consejo de Hebreos 4:16: «Así que acerquémonos con toda confianza al trono de la gracia de nuestro Dios. Allí recibiremos su misericordia y encontraremos la gracia que nos ayudará cuando más la necesitemos».

Declare su petición para que pueda darse cuenta cuando Dios la haya respondido. Es difícil identificar una respuesta específica a una petición vaga. Le parecerá útil y alentador anotar las peticiones y sus respuestas.

He aquí una muestra de cómo alguien hizo anotaciones en una hoja de oración:

PETICIÓN	LA RESPUESTA DE DIOS
4/2 Alfombrado del sótano a un precio razonable.	20/5 $14—alfombra y acolchonado por solamente $1.95 el metro cuadrado.
10/2 Membresía en una iglesia apropiada para nosotros.	16/3 Confirmación de que la Iglesia Río de Vida es para nosotros.
13/2 Alguien a quien comenzar a discipular para el 15 de marzo.	12/5 ¡Jorge parece ser la persona!
10/3 Un amigo cristiano para Marcos, que tiene 10 años.	20/6 La familia Pérez se mudó a la casa de al lado; su hijo tiene 12 años.
28/3 Que José Muñoz termine el SMT.	
17/4 Llegar a ser amigos cercanos de Jorge y María.	
4/5 Dinero adicional para asistir a la conferencia de julio.	8/6 La venta de garaje produjo $302.
10/5 Que Miguel Fernández obtenga un trabajo en el Medio Oriente.	
11/5 Un parto seguro y un bebé sano para Carlos y Nancy.	8/6 Sebastián Alberto llegó con buena salud.
31/5 Una amistad cercana con Daniel Sánchez.	

TAREA PARA LA SESIÓN 2

1. *Memorización de las Escrituras:* Estudie y complete la «Guía de memorización de las Escrituras—Semana 2» (páginas 17-19). Memorice el (los) versículo(s) sobre «Cristo el centro»: 2 Corintios 5:17 y Gálatas 2:20 (recomendado pero opcional). Como preparación para el «Cuestionario de los principios para la memorización de las Escrituras» durante la sesión 2, repase los «Principios para la memorización de las Escrituras» (página 13). Durante el cuestionario, tiene que enumerar solamente seis de los principios para la memorización de las Escrituras para que le firmen en *Mi registro de tareas completadas.* Sin embargo, probablemente piense que sería sabio poder recordar más de seis, para permitirse un poco de margen. (Está bien parafrasear y abreviar sus seis o más anotaciones).
2. *Tiempo a solas:* Seguir usando *Los puntos sobresalientes de mi lectura* y *Mi progreso en la lectura* puede ayudarle a disfrutar su lectura bíblica y el marcar como lo hizo en el libro 1.
3. *Estudio bíblico:* Por favor, complete el estudio bíblico «Madurar en Cristo» (páginas 19-24).
4. *Otras:*
   a. Comience a usar una hoja de oración para anotar sus peticiones y las respuestas de Dios. En la sesión 4, discutiremos cómo ha funcionado esto para todos en el grupo.
   b. Por favor, traiga su listado de oración por la evangelización a la clase.
   c. Venga preparado para que le firmen varios puntos en *Mi registro de tareas completadas.*

SESIÓN 2

BOSQUEJO DE ESTA SESIÓN

1. Inicie la sesión con oración.
2. Divídanse en grupos de repaso de versículos y cite el (los) versículo(s) de «Cristo el centro»: 2 Corintios 15:17 y Gálatas 2:20 (recomendado pero opcional). Repase también los versículos de memoria del libro 1.
3. Comparta algunos pensamientos del tiempo a solas de *Los puntos sobresalientes de mi lectura.*
4. Complete el «Cuestionario de los principios para la memorización de las Escrituras» (página 19).
5. Discuta el uso continuo de un listado de oración por la evangelización.
6. Examine la «Guía de memorización de las Escrituras—Semana 2» (páginas 17-19).
7. Discuta el estudio bíblico «Madurar en Cristo» (páginas 19-24).
8. Lea la «Tarea para la sesión 3» (página 24).
9. Termine la sesión con oración.

GUÍA DE MEMORIZACIÓN DE LAS ESCRITURAS—SEMANA 2

Hacia un buen comienzo

Ya ha elegido la traducción que quiere usar para su trabajo de memorización en el libro 2, tal vez la misma que usó en el libro 1. Tiene algunas fichas de memorización preparadas para comenzar.

Guía de memorización de las Escrituras

Cada semana, la guía de memorización de las Escrituras le da dos secciones útiles:

1. **Acerca de los versículos**—hace que los versículos sean más significativos y fáciles de aprender y aplicar.
2. **Su plan semanal**—provee sugerencias en cuanto a cómo hacer su trabajo de memorización.

Acerca de los versículos

VIVA LA VIDA NUEVA

Cada persona tiene una vida física. Cuando hemos recibido a Jesucristo en nuestra vida como Salvador y Señor, poseemos una nueva vida espiritual: la vida de Cristo en nosotros.

Esta vida nueva puede ilustrarse con una rueda, como lo vimos en el libro 1 (páginas 47-51). La rueda recibe su fuerza motivadora del centro. En la vida cristiana, Cristo es el centro, la fuente de poder y motivación para vivir para él (Juan 15:5). Él vive en nosotros en la persona del Espíritu Santo, cuyo propósito principal es glorificar a Cristo.

El borde de la rueda lo representa a usted, el cristiano, quien responde al señorío de Cristo a través de su obediencia a él de pleno corazón. Esa obediencia se relaciona con cada otro elemento de la vida centrada en Cristo.

Los radios de la rueda dejan ver el medio por el cual el poder de Cristo llega a nuestra vida. Los radios verticales simbolizan nuestra relación con Dios. Los radios horizontales representan nuestras relaciones personales con otras personas, tanto creyentes como no creyentes. La rueda funciona sin dificultades solamente cuando todos los radios están presentes, en un equilibrio apropiado.

TEMA 1: CRISTO EL CENTRO

Así como la fuerza impulsora de una rueda llega del centro, la fuerza para vivir la vida cristiana llega de Cristo. Nosotros no decidimos «dar vuelta a la página», sino, más bien, nuestra dependencia activa en él es la que nos permite vivir vidas que sean agradables a Dios.

2 Corintios 5:17—La vida en Cristo es completamente nueva, y su presencia le da una dimensión totalmente nueva. Nuestros antiguos valores, nuestra perspectiva y nuestras ambiciones cambian a medida que llegamos a conocerlo a él y su poder llega a operar en nuestra vida.

Gálatas 2:20 (recomendado pero opcional)—No solo estamos en Cristo, sino que él vive en nosotros. Estas dos verdades nos enseñan la cercanía de la relación que disfrutamos con él. Como creyentes, nos identificamos con él en su muerte y en su vida resucitada. Por fe, dependemos de él para vivir con su vida en y a través de nosotros.

Su plan semanal

1. Descargue e imprima las fichas de memorización de las Escrituras para este curso, o en un lado de una ficha en blanco, escriba el tema, la cita, el versículo y la cita. En el otro lado, escriba solamente el tema y la cita. Tenga una ficha para cada versículo que planifica memorizar esta semana.

2. Comience a memorizar 2 Corintios 5:17; cite el tema y la cita y luego agregue una frase a la vez hasta que pueda citar todo el versículo. Cuando esté memorizando dos versículos en una semana, memorice el primer versículo en dos días, luego el segundo versículo en dos días y, de esa manera, dejar tres días para repasarlos (más de una vez al día, si es posible).

3. Cada día, querrá citar en voz alta los versículos que memorizó en el libro 1, junto con su(s) nuevo(s) versículo(s) de memoria.

4. Lleve consigo las fichas de versículos para poder usar los momentos

libres inesperados a lo largo del día para memorizar, repasar y meditar en sus versículos.

5. A muchos les ha parecido que la mejor hora para trabajar con un versículo nuevo es justo antes de irse a la cama o justo después de levantarse en la mañana.

6. Antes de reunirse con su grupo para la sesión 3, puede profundizar su memoria al escribir sus versículos nuevos o citárselos a alguien.

Me esforcé tanto por encontrarte;
No permitas que me aleje de tus mandatos.
He guardado tu palabra en mi corazón
para no pecar contra ti. [...]
Estudiaré tus mandamientos
y reflexionaré sobre tus caminos.
SALMO 119:10-11, 15

CUESTIONARIO DE LOS PRINCIPIOS PARA LA MEMORIZACIÓN DE LAS ESCRITURAS

De lo que estudió en la página 13, enumere por lo menos seis principios para la memorización de las Escrituras. Puede resumir o parafrasear; no tiene que citarlos exactamente.

MADURAR EN CRISTO

El mundo del siglo XXI se caracteriza por el cambio rápido. Cada vez más, los avances tecnológicos proporcionan comunicación instantánea vía satélite, Internet, teléfono y la información instantánea almacenada en, y transmitida por, computadoras de alta velocidad. Somos una generación que ha llegado a esperar y a exigir todo ya. Sin embargo, los cristianos deben recordar que no hay tal cosa como «madurez instantánea» en la experiencia cristiana. Llegar a ser cristiano inaugura una aventura de toda la vida de conocer a Dios mejor y de amarlo más.

> No imiten las conductas ni las costumbres de este mundo, más bien dejen que Dios los transforme en personas nuevas al cambiarles la manera de pensar. Entonces aprenderán a conocer la voluntad de Dios para ustedes, la cual es buena, agradable y perfecta.
> —Romanos 12:2

PARA PENSAR:

¿Cuáles son algunas similitudes entre el desarrollo físico y el espiritual?

CÓMO DESPLAZARSE HACIA LA MADUREZ

1. Usted dio su primer paso hacia la madurez espiritual cuando puso su fe en Cristo. Lea Efesios 4:11-16.
   a. ¿Cuál es el deseo de Dios para usted (versículos 13, 15)?
   b. ¿Cuáles son algunas características de los cristianos inmaduros («niños», versículo 14)?
   c. De acuerdo a este pasaje, ¿qué caracteriza a una persona madura espiritualmente?

2. En este cuadro, contraste la naturaleza antigua de una persona con la naturaleza nueva del cristiano (Efesios 4:22-24).

Naturaleza antigua	Naturaleza nueva

3. Considere 2 Corintios 3:18.
   a. ¿A la imagen de quién seremos transformados?
   b. ¿Quién ocasiona este cambio?
   c. ¿Qué tan rápidamente cree que el cambio ocurre generalmente?
   d. ¿Qué tan completo será el cambio finalmente?

4. ¿Qué le dicen los siguientes versículos de Romanos acerca de su relación con Cristo?
   a. ¿Qué ya le ha pasado a usted (5:8-9)?
   b. ¿Qué debería estar haciendo (6:19)?
   c. ¿Qué puede esperar en el futuro (8:16-18)?

Estos tres aspectos de la salvación en Cristo (justificación, santificación y glorificación) son útiles para entender el plan de Dios para los creyentes.

Justificación (*acontecimiento*)	Tiempo pasado—he sido salvado del castigo del pecado.	Mi posición está en Cristo.
Santificación (*proceso*)	Tiempo presente—estoy siendo salvado del poder del pecado.	Mi condición es estar en proceso de llegar a ser semejante a Cristo.
Glorificación (*expectativa*)	Tiempo futuro—seré salvado de la presencia del pecado.	Mi expectativa es ser semejante a Cristo.

SU PUNTO DE PARTIDA

5. Examine Colosenses 2:6-7.
   a. ¿Cómo comenzó su vida en Cristo?
   b. ¿Cómo debe seguir creciendo?

6. Considere Romanos 5:1-5. ¿Qué base tenemos para desarrollar una relación íntima con Dios?

7. Lea Efesios 1:1-14 y enumere varias cosas que tiene «en Cristo».

   Versículo ________ ________________

   Versículo ________ ________________

   Versículo ________ ________________

   Versículo ________ ________________

   ¿Cuál de estas es la más importante para usted? ¿Por qué?

EL PROCESO DEL CRECIMIENTO

8. En cuanto a los siguientes pasajes, ¿qué observaciones tiene sobre el proceso del crecimiento espiritual?
   a. 1 Pedro 2:2-3
   b. Hebreos 5:13-14

9. ¿Dónde encajan las buenas obras en la vida cristiana (Efesios 2:8-10)?

Mientras reflexiona sobre su vida, puede estar agradecido por todo lo que Dios está haciendo en usted. Tome un momento para expresarle su gratitud a Dios por lo que él ha hecho, está haciendo y hará por usted. Su persona externa es simplemente el marco de Dios; el cuadro real es la persona interna que Dios, el Artista, todavía está creando.

LA VIDA MADURA

10. ¿Quién o qué es el ejemplo supremo del cristiano (Efesios 5:1-2)?

    ¿De qué maneras piensa usted que un cristiano puede y debe imitar el estilo de vida de Cristo?

11. ¿Qué actitud debería poseer un cristiano maduro (Filipenses 3:13-15)?

12. ¿Cuáles son algunos rasgos del carácter de un cristiano maduro (2 Pedro 1:5-7)?

Describa a una persona sin esas características (2 Pedro 1:8-11).

13. ¿Qué sobresale más para usted en este estudio bíblico?

RESUMEN

Cómo desplazarse hacia la madurez

Dios tiene la intención de que los cristianos maduren y lleguen a ser semejantes a Jesucristo. Dios ha salvado a los cristianos del castigo del pecado. Ahora ellos están involucrados en un conflicto con el pecado, pero pueden anticipar un futuro con Cristo, completamente libres del pecado.

Su punto de partida

La fe en Jesucristo marca el inicio del crecimiento cristiano (2 Corintios 5:17). Todos los creyentes tienen los recursos de Dios a su disposición para ayudarlos a crecer.

El proceso del crecimiento

El crecimiento espiritual es similar al crecimiento físico. Se requiere de tiempo a medida que Dios obra en la vida del creyente.

La vida madura

Crecer en Cristo es similar a caminar. Al seguir el ejemplo de Cristo y ser guiados por el Espíritu, los cristianos deben caminar en comunión con Cristo, en fe y amor. El cristiano maduro es aquel que continúa siguiendo a Cristo, que abunda en su obra y que experimenta su gracia y su amor.

TAREA PARA LA SESIÓN 3

1. *Memorización de las Escrituras:* Estudie y complete la «Guía de memorización de las Escrituras—Semana 3» (páginas 25-26). Memorice el (los) versículo(s) sobre «La obediencia a Cristo»: Romanos 12:1 y Juan 14:21 (recomendado pero opcional).
2. *Tiempo a solas:* Siga usando *Los puntos sobresalientes de mi lectura*, *Mi progreso en la lectura* y una hoja de oración.
3. *Estudio bíblico:* Complete el estudio bíblico «La guerra espiritual» (páginas 34-37).
4. *Otras:* Lea y marque el artículo sobre «La evangelización a través de relaciones personales» (páginas 26-34) y venga preparado para discutirlo.

SESIÓN 3

BOSQUEJO DE ESTA SESIÓN

1. Inicie la sesión con oración.
2. Divídanse en grupos de repaso de versículos y cite el (los) versículo(s) sobre «La obediencia a Cristo»: Romanos 12:1 y Juan 14:21 (recomendado pero opcional). Obtenga firmas en todo lo que sea posible en *Mi registro de tareas completadas.*
3. Cite los versículos que se aprendió en el libro 1.
4. Comparta sus pensamientos de su tiempo a solas.
5. Discuta sus observaciones de «La evangelización a través de relaciones personales» (páginas 26-34).
6. Discuta el estudio bíblico «La guerra espiritual» (páginas 34-37).
7. Lea la «Tarea para la sesión 4» (página 37).
8. Termine la sesión con oración.

GUÍA DE MEMORIZACIÓN DE LAS ESCRITURAS—SEMANA 3

Acerca de los versículos

TEMA 2: LA OBEDIENCIA A CRISTO

Jesús vincula inseparablemente su señorío con nuestra obediencia: «¿Por qué siguen llamándome "¡Señor, Señor!" cuando no hacen lo que digo?» (Lucas 6:46). Al obedecer su voluntad en la vida diaria, reconocemos su liderazgo en nuestra vida.

Romanos 12:1—Este versículo nos estimula a someternos al señorío de Cristo al cederle el control de nosotros mismos. Debido a que él nos ha comprado con el precio de su propia sangre, esa es la única opción razonable. A medida que nos entregamos a él y lo obedecemos, descubrimos que su voluntad para nosotros es «buena, agradable y perfecta» en todo sentido (12:2).

Juan 14:21 (recomendado pero opcional)—Jesús dijo que la obediencia a su Palabra es la prueba de nuestro amor por él: «Los que aceptan mis mandamientos y los obedecen [...] me aman». Pero antes de que podamos obedecer sus mandamientos, debemos tenerlos; es decir, debemos saber qué es lo que nos dice en su Palabra. Usted se dará cuenta de que los versículos que memoriza esta semana lo llevarán a una obediencia a Dios más fuerte.

Su plan semanal

1. Tenga una ficha para cada versículo que planifica memorizar esta semana.

2. Comience a memorizar Romanos 12:1. Cite el tema y la cita y luego agregue una frase a la vez hasta que pueda citar todo el versículo.

3. Planifique citar regularmente en voz alta sus versículos de memoria del libro 1 y sus nuevos versículos del libro 2.

4. Le parecerá útil hacer su memorización de la forma en que lo hizo en la segunda semana. Cualquiera de estos dos patrones se puede utilizar sin importar cuál día de la semana se reúna su grupo.

- **Patrón de dos versículos:** Si su grupo 2:7 se reúne los domingos, planifique tener el primer versículo memorizado para el martes en la noche y siga repasándolo. Entonces tenga el segundo versículo memorizado para el jueves en la noche y siga repasando ese versículo también. Esto le da dos días completos para memorizar cada uno de los dos versículos, y luego tres días más para repasar los dos antes de que su grupo se vuelva a reunir el domingo.
- **Patrón de un versículo:** Si su grupo 2:7 se reúne los domingos, planifique tener su único versículo memorizado para el miércoles en la noche o, a más tardar, el jueves en la noche. Luego repáselo por lo menos una vez al día, pero preferiblemente varias veces cada día durante tres o cuatro días antes de la próxima reunión de su grupo.

5. Lleve consigo sus fichas de memorización, para utilizar sus momentos libres inesperados para memorizar, repasar o meditar en estos versículos valiosos.

6. Antes de ir a su próxima reunión de su grupo 2:7, tal vez querrá escribir su nuevo versículo o versículos, o citárselos a alguien antes del día de su clase. Poner a prueba la memorización es siempre una buena idea.

LA EVANGELIZACIÓN A TRAVÉS DE RELACIONES PERSONALES

¿Está de acuerdo en que la mayoría de los cristianos tienen cierta aprehensión por compartir su fe con otros? En tanto que la mayoría de los cristianos sienten la responsabilidad de compartir a Cristo con los perdidos, muchos no lo hacen por temor, falta de conocimiento de cómo hacerlo o incomodidad con usar métodos de fórmula, no naturales. ¿Se identifica con algunas de las siguientes excusas?

- **No es mi don.** «En realidad no tengo el don de la

evangelización. Se lo dejo a la gente que le gusta confrontar a los demás».

- **Demasiado nervioso.** «Básicamente, soy muy tímido. Me ahogo y mis manos sudan cuando tengo que hablar con la gente de, ya sabes, Dios. Estoy seguro de que Dios no me llama a compartir mi fe».
- **Simplemente no sé lo suficiente.** «No soy un buen estudiante de la Biblia. Simplemente no puedo citar todos esos versículos para convencer a la gente en cuanto a Dios. Además, no podría de ninguna manera responder todas las preguntas que ellos tendrían».
- **No es mi personalidad.** «Yo creo que uno debe ser la clase de persona que en verdad ama a la gente y es muy extrovertida. Eso simplemente no es para mí».

Muchos cristianos han vencido estas excusas y han descubierto el gozo y el fruto que resultan al compartir su fe en Cristo en el contexto de las relaciones personales normales. Cuando hay confianza y respeto mutuos en una relación, el creyente puede, fácil y muy efectivamente, compartir su fe. No muchos cristianos se ofrecerán para los métodos de la evangelización de puerta en puerta o «de sopetón», pero la evangelización a través de relaciones personales es un método en el que todos pueden involucrarse.

En su excelente libro *Evangelización: Un estilo de vida*[2], Jim Petersen explora este método de la evangelización. La mayoría del material que está entre comillas a lo largo de esta sesión es una paráfrasis o cita directa del libro de Petersen.

El mundo no alcanzado

«Un gran segmento de la población del mundo es de "gente que no funciona dentro de un marco religioso". La religión no es una parte vital de su existencia. Su filosofía personal de vida no se basa en conceptos religiosos. Si se les pregunta acerca de la religión, tal vez den las respuestas "correctas". Pero no basan su vida o sus acciones en ninguno de esos conceptos religiosos.

»Otros ignoran totalmente los asuntos religiosos, incluso la existencia de la religión. Podría ser difícil para la mayoría de nosotros imaginar esto, pero hay segmentos de la población, incluso en los Estados Unidos, donde esto es cierto.

»¿Qué parte de la población estadounidense podría considerarse secularizada? Recientemente, una encuesta de Gallup y *Christianity Today* realizada a estadounidenses mayores de 18 años descubrió que el 94% creía en Dios o en un espíritu universal que funciona en su mente como Dios. La mitad de ellos dijo que esta creencia les daba gran consuelo. Alrededor de un cuarto creía que Jesús es completamente Dios y completamente hombre. El 45% dijo que la fe personal en Cristo es la única esperanza del cielo».

¿Cómo interpretamos estos resultados de la encuesta? Obviamente, reflejan una amplia diseminación del mensaje del evangelio. Pero ¿qué de los que tienen poco o nada de consuelo en el Dios en el que creen? Aparentemente, su postura simplemente es una creencia en un Dios que tal vez creó el mundo y luego se retiró. No creen que él es el Único que está activamente involucrado en la vida diaria de los hombres y las mujeres.

«El teólogo Reinhold Niebuhr nos advirtió: "No se satisfagan con la religiosidad prevaleciente de nuestra nación. Mucho de ello es una perversión del evangelio cristiano". [...] En vista de las estadísticas de Gallup [...] y de nuestra definición de la palabra *secular,* ¿no es razonable considerar a la mitad de la población estadounidense como secularizada, como gente que no funciona dentro de un marco religioso?».

Nuestro éxito limitado en trascender las fronteras de distintas mentalidades y culturas en nuestra comunicación indica que debe de ser que estamos descuidando algunas verdades bíblicas importantes en este asunto de comunicar el evangelio al mundo. ¿Hemos limitado nuestra comprensión de la evangelización de tal manera que en realidad no nos estamos comunicando con los secularizados?

Proclamar y afirmar el evangelio

Para comunicar el evangelio de manera efectiva, tenemos que entender primero lo que las Escrituras enseñan de la evangelización. Las Escrituras muestran dos medios principales de evangelización:

1. La *proclamación* del evangelio: una *acción* por la que el no creyente recibe una declaración clara del mensaje esencial.
2. La *afirmación* del evangelio: un *proceso* de modelar y explicar el mensaje cristiano.

Tanto la proclamación como la afirmación son esenciales si vamos a evangelizar a quienes tienen trasfondos seculares, así como a quienes tienen trasfondos religiosos. No se puede considerar uno mejor o más efectivo que el otro. Ambos son esenciales, y ambos son limitados. El patrón del Nuevo Testamento parece ser que los dos deben funcionar juntos.

Proclamar el evangelio

La proclamación «es una acción por la que el no cristiano recibe una declaración clara del mensaje del evangelio. Es algo que ocurre en algún momento concreto: por ejemplo, en la iglesia o durante una cruzada de evangelización, en una transmisión de radio o televisión o en una presentación personal del mensaje del evangelio a un individuo. Cuando alguien declara las condiciones de la reconciliación de una persona con Dios, el evangelio ha sido proclamado».

La Biblia nos ordena a proclamar el evangelio a todo el mundo, así que nuestra participación en esta misión es indiscutible. Sin embargo, la proclamación debe usarse sabiamente si esperamos comunicar el mensaje a toda clase de gente. Es efectiva principalmente entre la gente preparada; es decir, aquellos que tienen una herencia religiosa. La proclamación, que se enfoca en cosechar, es más efectiva cuando la siembra y el riego se han llevado a cabo por anticipado.

Proclamar el evangelio funcionó bien para los primeros misioneros del libro de Hechos: «Ellos seguían cierta táctica en todo lugar al que iban. Primero, visitaban la sinagoga. Obviamente, casi todos los que se encontraban en la sinagoga tendrían algún interés espiritual. Aunque esta gente no había oído de Cristo, buscaban a Dios de acuerdo a sus patrones tradicionales. Tenían el beneficio de una herencia religiosa. El resultado fue que muchos de ellos creyeron cuando Pablo y Bernabé proclamaron el evangelio».

Afirmar el evangelio

La afirmación del evangelio es un *proceso* de demostrar el mensaje cristiano. La afirmación se lleva a cabo al exhibir un estilo de vida cristiano. Este estilo de vida cristiano representa valores y actitudes nuevos para los no cristianos en el contexto de las relaciones personales. Un ejemplo de una persona que afirma el evangelio es el cristiano trabajador a quien injustamente se le pasa por alto en un ascenso y es capaz de aceptar su circunstancia con gentileza. Demostrar el mensaje cristiano con un ejemplo positivo es particularmente efectivo entre la gente que no tiene herencia cristiana y que no cree que el cristianismo sea una base creíble para su vida.

Steve, un hombre de negocios, encaja en esta categoría de gente secularizada. Cuando era niño, solamente tuvo una exposición limitada a la iglesia y no podía recordar haber leído la Biblia jamás o haber hablado de Dios en casa. A sus veinte años, la religión no formaba parte del pensamiento de Steve.

Cuando tenía veintitantos años, Steve conoció a Randy y desarrolló una amistad con él. Pasaron mucho tiempo juntos yendo al cine, a eventos deportivos y de viajes mochileros en las montañas. Randy era cristiano, pero Steve observó que no era como otra gente religiosa que había conocido. Randy lo aceptaba como era y no criticaba su estilo de vida.

Randy le pidió a Steve que fuera a la iglesia con él, y lo hacía de vez en cuando. Generalmente, Steve se burlaba de los sermones, pero en lugar de ponerse a la defensiva, Randy encontraba cosas divertidas en las observaciones de Steve y se reía con él. Aunque

Steve no lo sabía, Randy oraba por su salvación fielmente.

Cinco años después de que Steve y Randy se conocieron, Steve enfrentó una crisis emocional. Con desesperación, consideró acabar con su vida, pero primero le pidió ayuda a su único amigo verdadero. Steve derramó su corazón ante Randy. Él lo escuchó atentamente, y luego respondió suavemente con el mensaje de Jesucristo, explicándole cómo Cristo podía suplir todas las necesidades de Steve. Esa noche, cuando conducía a casa, Steve le abrió su corazón al Salvador.

Anteriormente, Steve no había respondido positivamente a una presentación del evangelio. Pero Steve observaba la vida de Randy, y Randy oraba por él regularmente. Cuando Steve enfrentó una crisis, estuvo dispuesto a aceptar la proclamación del evangelio.

La evangelización como un proceso

«Cuando llevamos a alguien a una decisión de confiar en Cristo en el curso de una o dos conversaciones, podemos estar seguros de una cosa: la preparación considerable y el trabajo ya ocurrió en esa vida antes de que nosotros llegáramos a la escena. Eso es lo que Jesús les dijo a los doce en Juan 4:36-38: "A los segadores se les paga un buen salario, y los frutos que cosechan son personas que pasan a tener la vida eterna. ¡Qué alegría le espera tanto al que siembra como al que cosecha! Ya saben el dicho: 'Uno siembra y otro cosecha', y es cierto. Yo los envié a ustedes a cosechar donde no sembraron; otros ya habían hecho el trabajo, y ahora a ustedes les toca levantar la cosecha".

»Dios usa muchas influencias para preparar el corazón de una persona para el mensaje del evangelio: las personas, las circunstancias y los acontecimientos.

»Solo Dios puede lograr que se den algunos de los pasos esenciales del camino. El conocimiento de Dios plantado en el corazón de cada persona es uno de ellos (Romanos 1:20). Dios también ha escrito su ley en el corazón de las personas, y la acompaña con una conciencia y un sentido de culpa (Romanos 2:14-15)».

A veces, Dios usa los problemas en el trabajo, las relaciones personales rotas, los hogares destruidos o las tragedias personales que afectan las rutinas y los valores de la vida normal. Todos esos acontecimientos pueden servir para alejar a la gente del dominio de la oscuridad y llevarla hacia el reino de luz.

«Hasta los comentarios casuales pueden ser significativos. Un exbudista, al describir su conversión a Cristo, señaló un antiguo comentario de su madre cuando estaban en el templo budista como lo que provocó la búsqueda que lo llevó a Cristo. Ella se preguntó en voz alta por qué el "Dios verdadero" estaba colocado a lo último, y no en primer lugar, en el estante de ídolos del templo. Él nunca olvidó la pregunta de su madre. Su comentario lo preparó para responder al evangelio cristiano.

»Dios usa una variedad interminable de formas y medios para sembrar la semilla del evangelio y llevarnos de la ignorancia y la rebeldía hacia la fe. El medio más obvio, y de lejos el más efectivo, es una fuerte familia cristiana: crecer donde se practican y se enseñan las bases del cristianismo en el hogar y en la iglesia. Después de semejante educación, frecuentemente lo único que falta es la cosecha. En muchos lugares, todavía hay una cantidad significativa de gente con una herencia religiosa. En estas situaciones, la cosecha en sí produce resultados alentadores. Esto puede llevarnos a pensar que todo el mundo está al mismo nivel de preparación. Puede hacer que olvidemos que la evangelización es, de hecho, un proceso».

No debemos estar demasiado ansiosos por la cosecha, sino que debemos tener en mente que antes de la cosecha está la siembra, el riego y el cultivo. La evangelización no es un acontecimiento, sino un proceso. Este proceso puede requerir meses o incluso años.

Actitudes de éxito

¿Qué actitudes se necesitan para afirmar de forma efectiva el evangelio a los no cristianos?

1. Debemos estar dispuestos a iniciar relaciones personales.
2. Debemos mostrar la misma clase de amor y aceptación que Jesús mostró hacia los pecadores.
3. Debemos estar dispuestos a identificarnos audazmente con Cristo al principio de una relación personal.
4. Debemos demostrar dependencia en Dios a través de la perseverancia en oración.

1. Iniciar relaciones personales. Veamos primero el área de tomar la iniciativa en las relaciones personales. En Mateo 5:43-48, Jesús enseñó que debemos ser como nuestro Padre, quien hace que el sol salga sobre los malos y los buenos. Él continúa en los versículos 46-48: «Si solo amas a quienes te aman, ¿qué recompensa hay por eso? Hasta los corruptos cobradores de impuestos hacen lo mismo. Si eres amable solo con tus amigos, ¿en qué te diferencias de cualquier otro? Hasta los paganos hacen lo mismo. Pero tú debes ser perfecto, así como tu Padre en el cielo es perfecto».

Al desarrollar relaciones personales con los no cristianos, tenemos que buscar afinidad. «Busque los intereses comunes. La afinidad ocurre cuando dos personas comparten intereses o necesidades. Esto nos costará tiempo y privacidad, pero ¿cómo verán otros la gracia de Dios en nosotros si mantenemos nuestra distancia?

»En Lucas 14:12-13, Jesús sugiere que cuando ofrezcamos una cena, no debemos invitar solamente a nuestros amigos y parientes. Ya sabe cómo sucede. Esta vez nos toca a nosotros; la próxima les toca a ellos. Al final, nadie sale perdiendo. No le ha costado nada a nadie. Más bien, él dice, inviten a los pobres, a los lisiados, a los cojos y a los ciegos que no pueden compensarles, hasta el día de la resurrección donde estarán allí para homenajear su fidelidad hacia ellos.

»En otras palabras, sea hospitalario. Rompa su rutina diaria de gente y lugares deliberadamente, por causa del evangelio».

Tal vez no haya un ambiente más efectivo para iniciar la evangelización que una cena en casa o en un restaurante tranquilo. Debemos entrar al mundo para establecer la afinidad que se necesita para atraer a la gente a nuestra vida.

2. Mostrar aceptación y amor. Nuestra actitud debe ser de aceptación y amor. Jesús fue amigo de publicanos y pecadores. Tenemos que aceptar a la gente como es. Sea realista en cuanto a los no creyentes y no espere demasiado. Ellos no son cristianos y, probablemente, actuarán de acuerdo a ello. No dé la impresión de ser un reformador.

Los cristianos tienden a medir a los no cristianos con un listado más bien legalista de comportamiento aceptable o inaceptable. El listado es una mezcla de órdenes bien definidas de la Palabra de Dios, como «No cometas adulterio», con estándares que surgen de nuestras tradiciones, como la abstinencia total del alcohol.

«El no cristiano capta las vibraciones y siente que se le juzga. A veces se disculpa por sus hábitos inaceptables, lo cual indica que siente que ha caído en manos de alguien decidido a reformarlo. Donde existen semejantes juicios, la comunicación es imposible.

»La aceptación no significa aprobación. El contraste entre nuestros valores y los de ellos llegará a ser notable. Asegúrese de que este contraste se base en asuntos morales y bíblicos, no en cosas triviales y opcionales. Es nuestra responsabilidad adaptarnos a ellos, a menos que suponga asuntos morales absolutos. Procure que se sientan cómodos alrededor suyo. Hágase "todo para todos" (1 Corintios 9:22, NVI). Recuerde que la santificación es un asunto del corazón, no de los alrededores.

»Evite juzgar, predicar, condenar o moralizar. "No gracias" es definitivamente preferible a: "Yo no fumo porque soy cristiano y la Biblia dice..." ¡La oración antes de almorzar que avergüenza a su invitado no es necesariamente un buen testimonio! Exhiba gracia, no legalismo. Sea sensible de cómo sus acciones afectarán a la otra persona.

»Ame a las personas tales como son y como individuos, no como objetivos de la evangelización. Ame. Acepte. Adáptese. Sea un amigo. [...] Se ha dicho: "El 90% de la evangelización es amor".

»El amor de Dios por los hombres y las mujeres es incondicional. Su amor se expresa a través de nosotros a medida que nos comprometemos a buscar el bien de otro, sin tener en cuenta su respuesta a nosotros (1 Juan 3:16-18).

Hay un vínculo obvio entre amar y servir. Si responde la pregunta: "¿De qué manera puedo servir a esta persona?" habrá respondido: "¿Cómo puedo amar a esta persona?"».

3. Sea audaz. La siguiente actitud que se necesita para la afirmación efectiva del evangelio es una actitud de audacia, de identificarse con Cristo al comienzo de la relación. Tenemos que identificarnos como cristianos en las primeras etapas porque mientras más esperemos para decir algo, más difícil será dar testimonio en un tiempo posterior. Tenemos que ser honestos con relación a nuestros amigos no cristianos, y no es sabio encubrir nuestra identidad como cristianos. Tenemos que ser abiertos en cuanto a nuestra relación con Cristo; aun así, tenemos que vigilar el no tener un espíritu demasiado agresivo que sería amenazante u ofensivo.

Una manera de identificarse con Cristo al principio de la relación es introducir casualmente parte de su historia espiritual cuando la oportunidad surja. Mientras ore por su amigo, pídale a Dios que le dé la oportunidad de revelar su identidad como cristiano de una manera positiva, no amenazante. Si lo hace, experimentará una relación más relajada porque ha sido sincero con su amigo en cuanto a quién es usted realmente. Identificarse con Cristo al inicio de la relación también le permitirá hablar de cosas espirituales con más facilidad posteriormente.

4. Dependa de Dios a través de la oración. Finalmente, debemos exhibir una actitud de dependencia en Dios en oración. Tenemos que recordar que la batalla por las almas no es una batalla física, sino espiritual. Sin blandir el arma de la oración, no podemos esperar ver la liberación de Dios. Dios no solo quiere que iniciemos y desarrollemos relaciones personales, sino que quiere que oremos fielmente por esas personas. «Ore al navegar cada paso del proceso, desde establecer la afinidad, hasta abrir la puerta al mensaje, hasta la convicción por el Espíritu Santo de pecado, justicia y juicio.

»Persista en oración (Lucas 11:9-10). George Mueller escribió: "El asunto principal es nunca darse por vencido hasta que llegue esa respuesta. He estado orando todos los días durante cincuenta y dos años por dos hombres, hijos de un amigo de mi juventud. No se han convertido todavía, pero lo harán. [...] El gran error de los hijos de Dios es que no perseveran. Si desean algo para la gloria de Dios, deben orar hasta que lo reciban". Uno de esos hombres llegó a ser cristiano en el funeral de George Mueller, el otro unos años después».

Las actitudes apropiadas son esenciales mientras buscamos afirmar el evangelio. Primero, la disposición para iniciar las relaciones personales evitará que nos aislemos del mundo no cristiano. Luego, mostrar amor y aceptación hacia los pecadores nos permitirá manifestar la gracia de Dios y evitar el error común de un espíritu legalista y moralista. Luego, identificarse audazmente con Cristo al inicio de la relación nos permitirá relacionarnos sinceramente con nuestros amigos no cristianos, y hará más fácil que discutamos las cosas espirituales más adelante. Finalmente, un compromiso que depende de Dios nos animará a persistir en la oración diaria por los amigos no cristianos que Dios nos ha dado.

LA GUERRA ESPIRITUAL

Descubrir y aplicar la gran verdad de la Palabra de Dios significa entrar al campo de la guerra espiritual. Una batalla se propaga por el corazón y la mente de los hombres y las mujeres. Pero el crecimiento lleva consigo el conflicto, y Dios ha prometido que «nuestra victoria es absoluta por medio de Cristo, quien nos amó» (Romanos 8:37).

PARA PENSAR:

¿Qué elementos del conflicto militar existen también en la guerra espiritual?

LA BATALLA

1. Lea 2 Timoteo 2:3-4. ¿Cómo describiría la clase de vida sobre la cual Pablo escribió?

2. ¿Cómo describe la vida cristiana el apóstol Pablo en Efesios 6:12?

3. ¿Cómo desacreditó Satanás la Palabra de Dios cuando engañó a Eva (Génesis 3:1-5)?

Satanás tiene como su ocupación constante lanzar dudas de la Palabra de Dios y desacreditar al Hijo de Dios.

4. ¿Qué se puede aprender de nuestro enemigo, Satanás, en los siguientes versículos?

   Lucas 8:12

Juan 8:44

2 Corintios 4:3-4

2 Corintios 11:3

2 Corintios 11:14

5. Lea el relato de la confrontación de Cristo con Satanás (el diablo) en Lucas 4:1-13.
   a. ¿Cuál era la condición de Jesús cuando el diablo apareció?
   b. ¿A qué deseos apeló el diablo en las tres tentaciones?

LA OPOSICIÓN

Recibimos oposición de tres fuentes: el mundo, la carne y el diablo.

6. Según los siguientes pasajes, ¿qué caracteriza al mundo, a la carne y al diablo?

Juan 15:18-19	Santiago 4:1-3	1 Pedro 5:8-9
Efesios 2:3	Juan 8:44	Colosenses 2:8

El mundo

Versículo(s)

Versículo(s)

La carne

Versículo(s)

Versículo(s)

El diablo

Versículo(s) ______ ______

Versículo(s) ______ ______

SE HA PROVISTO LA VICTORIA

Sobre el mundo

7. De acuerdo con los siguientes pasajes, ¿cuál es la base para la victoria sobre el mundo?
   a. 1 Juan 5:4-5 ______
   b. Juan 17:14-18 ______
   c. Colosenses 2:6-8 ______

Sobre la carne

8. Según los siguientes pasajes, ¿cómo podemos tener victoria sobre la carne?
   a. Efesios 4:22-24 ______
   b. Gálatas 5:16-17 ______
   c. Romanos 6:12-13 ______

Que ningún hombre piense que puede tener alguna medida de victoria sobre su corrupción interna sin llevársela al Señor una y otra vez en oración. —George Mueller

Sobre el diablo

9. Según Hebreos 2:14-15, ¿qué significó para Satanás la muerte de Cristo en la cruz? ______

   ¿Qué significa para nosotros hoy? ______

10. Por favor, escriba 1 Corintios 15:57 en sus propias palabras como una oración personal. Tome un momento para agradecerle a Dios por su garantía de victoria diaria en Jesucristo. ____________________

____

____

____

____

RESUMEN

La batalla

Todos los cristianos están involucrados en una batalla espiritual entre Dios y las fuerzas del mal. Satanás es el adversario principal de Dios y de la gente.

La oposición

Los cristianos tienen tres enemigos muy reales en la batalla espiritual: el mundo, la carne y el diablo.

Se ha provisto la victoria

La batalla ya se ganó en Cristo. La victoria sobre el mundo, la carne y el diablo llega a ser posible a través de Cristo y su vida nueva en nosotros.

TAREA PARA LA SESIÓN 4

1. *Memorización de las Escrituras:* Estudie y complete la «Guía de memorización de las Escrituras—Semana 4» (páginas 39-40). Memorice el (los) versículo(s) sobre «La Palabra»: 2 Timoteo 3:16 y Josué 1:8 (recomendado pero opcional).
2. *Tiempo a solas:* Siga leyendo, marcando, respondiéndole a Dios en oración, haciendo anotaciones en *Los puntos sobresalientes de mi lectura* y utilizando una hoja de oración.
3. *Estudio bíblico:* Complete el estudio bíblico «La fe y las verdades de Dios» (páginas 40-44).
4. *Otras:* Por favor, traiga sus hojas de oración a la clase.

LA ILUSTRACIÓN DE LA RUEDA

SESIÓN 4

BOSQUEJO DE ESTA SESIÓN

1. Inicie la sesión con oración.
2. Divídanse en grupos de repaso de versículos y cite el (los) versículo(s) sobre «La Palabra»: 2 Timoteo 3:16 y Josué 1:8 (recomendado pero opcional).
3. Comparta algunos pensamientos de su tiempo a solas de *Los puntos sobresalientes de mi lectura.*
4. Comparta los resultados de usar sus hojas de oración.
5. Discuta el estudio bíblico «La fe y las verdades de Dios» (páginas 40-44).
6. Lea la «Tarea para la sesión 5» (página 44).
7. Tenga un período de oración conversacional.

GUÍA DE MEMORIZACIÓN DE LAS ESCRITURAS—SEMANA 4

Acerca de los versículos

TEMA 3: LA PALABRA

La Biblia, en un sentido práctico, es el fundamento de la vida cristiana, ya que todo lo que sabemos de Jesucristo, el verdadero fundamento, lo aprendemos de la Biblia.

2 Timoteo 3:16—Este versículo nos dice que todas las Escrituras son inspiradas por Dios (literalmente, susurradas por Dios). Pedro lo dijo de esta manera: «Ningún profeta habló por su propia cuenta. Al contrario, todos ellos hablaron de parte de Dios y fueron guiados por el Espíritu Santo» (2 Pedro 1:21, TLA). Las Escrituras se nos han dado para enseñarnos, reprendernos e instruirnos en una vida recta. Dios no nos dio su Palabra principalmente para aumentar nuestro conocimiento, sino para transformar nuestra vida.

Josué 1:8 (recomendado pero opcional)—Este versículo promete que los que hacen lo que dice la Palabra de Dios prosperarán. El primer paso para aplicar su Palabra es meditar en ella frecuentemente, al rumiar profundamente en ella. Repasar concienzudamente los versículos memorizados anteriormente es una forma excelente de meditar en las Escrituras.

Su plan semanal

1. Para cada versículo que planifica memorizar esta semana, tenga una ficha con el tema, la cita, el versículo y la cita en un lado, y solamente el tema y la cita al otro lado.

2. Comience a memorizar 2 Timoteo 3:16. Cite el tema y la cita y luego agregue una frase a la vez hasta que pueda citar todo el versículo. Cuando esté memorizando dos versículos en una semana, memorice el primer versículo

en dos días, luego el segundo versículo en dos días, dejando así tres días para afinar ambos a través del repaso (más de una vez al día, si es posible).

3. Cada día, cite en voz alta los versículos que memorizó en el libro 1, junto con los versículos que se ha aprendido en el libro 2.

4. Lleve consigo sus fichas de versículos para poder usar los momentos libres inesperados a lo largo del día para memorizar, repasar o meditar en sus versículos.

5. Antes de reunirse con su grupo para la sesión 4, escriba su(s) nuevo(s) versículo(s) de memoria, o cítele a alguien su(s) versículo(s) simplemente para revisar su exactitud.

LA FE Y LAS VERDADES DE DIOS

Un grupo de personas le preguntó a Jesús una vez cómo podían hacer la obra de Dios. Jesús respondió: «La única obra que Dios quiere que hagan es que crean en quien él ha enviado» (Juan 6:29). Dios desea la convicción y la fe de las personas, porque «sin fe es imposible agradar a Dios» (Hebreos 11:6).

Pero frecuentemente en la sociedad moderna, la fe no es nada más que pensamientos de deseo: «Espero que todo salga bien. Tengo "fe" en que así será». El concepto bíblico de la fe sobrepasa este enfoque superficial y es un ingrediente importante en el caminar con Cristo.

PARA PENSAR:

¿Qué cree que la siguiente ilustración trata de comunicar?

CAMINAR POR FE

1. Según los siguientes versículos, ¿cómo definiría fe?

   Hechos 27:25 ______________________

   Romanos 4:20-21 ______________________

   Hebreos 11:1 ______________________

> La fe es la garantía de que lo que Dios ha dicho en su Palabra es cierto y que Dios actuará de acuerdo a lo que ha dicho en su Palabra. [...] La fe no es un asunto de impresiones, ni de probabilidades, ni de apariencias.
>
> —George Mueller

Lo opuesto a la fe en el Dios vivo no es la duda; es la incredulidad. La duda solamente necesita más información. La incredulidad es desobediencia: rehusarse a reconocer y a seguir la verdad de Dios.

LOS OBJETOS DE LA FE

2. A la derecha de cada cita bíblica, anote algunos objetos indignos en los que la gente coloca su fe. Luego coloque una «X» al lado de los que usted siente que es propenso a depender.

   ____ Salmo 1:1 ______________________

   ____ Salmo 33:16-17 ______________________

   ____ Proverbios 3:5 ______________________

   ____ Jeremías 9:23-24 ______________________

¿Qué es el resultado inevitable de tener fe en estos objetos?

3. Dios hace y cumple promesas. ¿Qué enseñan sobre Dios los siguientes pasajes?

   1 Reyes 8:56

   Salmo 89:34

   2 Pedro 1:4

   Números 23:19

> La fe siempre se adhiere a lo que Dios ha dicho o prometido. Cuando un hombre honorable dice algo, también lo hace; detrás de la palabra viene la acción. Así también sucede con Dios: cuando él va a hacer algo, lo dice primero en su Palabra.
>
> —Andrew Murray

EJEMPLOS DE FE

4. Mientras lee Hebreos 11, por favor enumere por lo menos tres cosas que le impacten del pasaje.

VERDADES EN LAS QUE PUEDE CONFIAR

5. Por favor, llene el siguiente cuadro.

VERSÍCULO	VERDAD	CONDICIÓN, SI LA HAY
Juan 15:7		
Isaías 26:3		
Romanos 8:28		

Cómo utilizar la Biblia:

- sáquele todo provecho,
- no introduzca ninguna opinión en ella,
- no permita que nada en ella se quede sin leer.

—J. A. Bengel

6. ¿Por qué cree que Dios pone algunas promesas bajo condiciones?

   ¿Cuál debería ser nuestra actitud hacia las promesas de Dios (Hebreos 6:12)?

Es útil y alentador observar las promesas de Dios. Quizás querrá mantener un listado de estas promesas, sus condiciones y sus resultados. Las promesas de Dios frecuentemente forman una «cadena», como en el siguiente ejemplo.

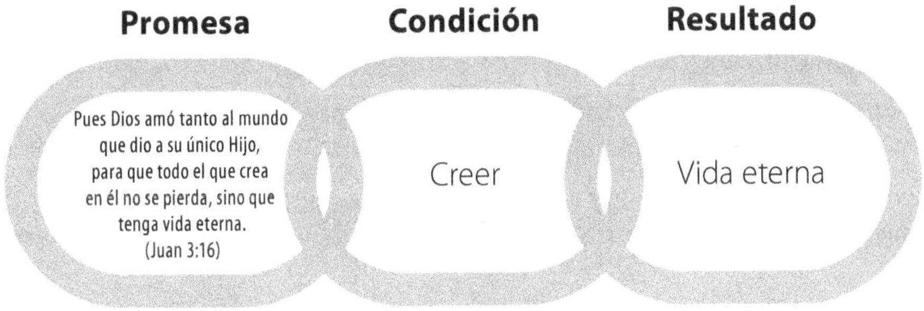

Promesa	**Condición**	**Resultado**
Pues Dios amó tanto al mundo que dio a su único Hijo, para que todo el que crea en él no se pierda, sino que tenga vida eterna. (Juan 3:16)	Creer	Vida eterna

7. ¿Cuál es una promesa que ha descubierto en su lectura bíblica?

   De forma específica, ¿cómo le ha ayudado esta promesa?

RESUMEN

Caminar por fe

La fe se basa en la fidedigna Palabra de Dios. Creer en Dios y su Palabra le da al cristiano la experiencia de esperanza, gozo, paz, oración respondida y el cumplimiento de muchas otras promesas de Dios.

Los objetos de la fe

La gente puede encomendar su vida a una cantidad de cosas que, a la larga, fallarán. Solo Dios y su Palabra son dignos de nuestra plena confianza.

Ejemplos de fe

Muchos hombres y mujeres a lo largo de la historia han creído en Dios y han confiado en él. Hebreos 11 es un listado de un Salón de la Fama de tales personas.

Verdades en las que puede confiar

Las promesas frecuentemente tienen condiciones; esto es cierto de las promesas de Dios. No debemos ser descuidados o pretenciosos al usar su Palabra.

TAREA PARA LA SESIÓN 5

1. *Memorización de las Escrituras:* Estudie y complete la «Guía de memorización de las Escrituras—Semana 5» (páginas 45-46).
   a. Memorice el (los) versículo(s) sobre «La oración»: Juan 15:7 y Filipenses 4:6-7 (recomendado pero opcional).
   b. Por favor, haga el «Cuestionario de autoevaluación» de las páginas 46-48.
2. *Tiempo a solas:* Siga leyendo, marcando, respondiendo, haciendo anotaciones y utilizando sus hojas de oración.
3. *Estudio bíblico:* Complete el estudio bíblico «Saber la voluntad de Dios» (páginas 48-52).

SESIÓN 5

BOSQUEJO DE ESTA SESIÓN

1. Inicie la sesión con oración.
2. Divídanse en grupos de repaso de versículos y cite el (los) versículo(s) sobre «La oración»: Juan 15:7 y Filipenses 4:6-7 (recomendado pero opcional). Esfuércese por que le firmen todo lo que pueda en *Mi registro de tareas completadas.*
3. Discuta brevemente el «Cuestionario de autoevaluación» de las páginas 46-48.
4. Comparta algunos pensamientos de su tiempo a solas de *Los puntos sobresalientes de mi lectura.*
5. Discuta el estudio bíblico «Saber la voluntad de Dios» (páginas 48-52).
6. Lea la «Tarea para la sesión 6» (página 52).
7. Termine la sesión con oración. Enfóquese en la gente de su listado de oración por la evangelización.

GUÍA DE MEMORIZACIÓN DE LAS ESCRITURAS—SEMANA 5

Acerca de los versículos

TEMA 4: LA ORACIÓN

La comunicación directa con nuestro Padre celestial es uno de los privilegios más grandes de ser un hijo de Dios. Se nos estimula a llegar confiadamente a Dios en oración, especialmente en tiempo de necesidad (Hebreos 4:16). El antídoto de Dios para la preocupación es la oración. Ninguna de nuestras preocupaciones es demasiado pequeña o trivial como para no llevársela a Dios en oración.

Juan 15:7—Este versículo presenta dos condiciones para recibir lo que pedimos en oración. Primero, que permanezcamos en Cristo; es decir, que mantengamos una comunión inquebrantable con él. Segundo, debemos permitir que su Palabra permanezca en nosotros, guardándola en nuestros pensamientos para que dirija nuestra vida.

Filipenses 4:6-7 (recomendado pero opcional)—Esta es una clase específica de oración que Dios quiere: la oración con acción de gracias. Aprenda a agradecerle a Dios por todo, por las dificultades así como por las bendiciones. La oración puede sustituir la ansiedad por la paz.

El difunto Dr. Ole Hallesby, profesor de seminario noruego, da las siguientes palabras de ánimo en su libro *Prayer* (La oración): «Mi indefenso amigo, su impotencia es la súplica más poderosa que se eleva hacia el tierno corazón paternal de Dios. Él ha oído su oración desde el primer momento en que usted clamó a él sinceramente en su necesidad y, día y noche, él inclina su oído hacia la tierra para verificar si alguno de los indefensos mortales acude a él en su aflicción. [...]

»No se inquiete por su impotencia. Por encima de todo, no permita que eso le impida orar. La impotencia es el verdadero secreto y la fuerza impulsora de la oración»[3].

Su plan semanal

1. Para cada versículo que planifica memorizar esta semana, tenga una ficha con el tema, la cita, el versículo y la cita en un lado, y solamente el tema y la cita al otro lado.

2. Comience a memorizar Juan 15:7. Cite el tema y la cita y luego agregue una frase a la vez hasta que pueda citar todo el versículo. Siga usando el patrón de éxito que ha aprendido para memorizar dos versículos a la semana.

3. Cada día, cite en voz alta los versículos que memorizó en el libro 1, junto con los versículos que se ha aprendido en el libro 2.

4. Lleve consigo sus fichas de versículos para poder usar los momentos libres inesperados durante el día para memorizar, repasar o meditar en sus versículos.

5. Haga el «Cuestionario de autoevaluación» (páginas 46-48).

CUESTIONARIO DE AUTOEVALUACIÓN

Haga este cuestionario después de repasar las guías de memorización de las Escrituras de las semanas 1 a 5. Estos son grandes recordatorios de los métodos comprobados para memorizar las Escrituras. Las respuestas correctas aparecen al final del cuestionario (página 48).

1. Memorizar las Escrituras es nutrición para su alma y es como abastecer la despensa de su corazón para las necesidades futuras.
   V **F** (Encierre la **V** si es verdadero o la **F** si es falso).
2. Paree lo que sigue. Escriba el número de la respuesta correcta en el espacio que está en blanco antes de cada enunciado, para completarla.
   (1) le ayuda a entender los versículos en su contexto y los hace más significativos y más fáciles de recordar y usar.
   (2) le hace posible usar los momentos libres inesperados para memorizar, repasar y meditar.
   (3) le da el panorama general y le muestra hacia dónde se dirige en la memorización de las Escrituras.

(4) le ayuda a progresar paso a paso en su trabajo de memorización y a evitar los obstáculos.
(5) le estorba su habilidad de recordar el versículo después.
(6) le ayuda a recordar dónde se encuentra el versículo en la Biblia.
(7) le ayuda a acelerar el proceso de aprendizaje.
(8) deben ser colocados dentro de su paquete de versículos.

_____ a. Es importante seguir cuidadosamente la sección de «Su plan semanal» porque...
_____ b. Leer los comentarios de «Acerca de los versículos» y buscar el contexto en su Biblia...
_____ c. Los versículos que ya se ha aprendido...
_____ d. El principio de decir la cita antes y después del versículo...
_____ e. Llegar a familiarizarse con el esquema temático del curso antes de aprenderse los versículos...
_____ f. Trabajar con un versículo varias veces durante el día...
_____ g. Llevar consigo su paquete de versículos todo el tiempo...
_____ h. Cuando repase, no debe ojear las primeras palabras del versículo, porque eso...

3. ¿Por qué es importante reconocer sus propias razones para memorizar las Escrituras? (Marque la respuesta correcta).
_____ a. Para que pueda tacharlas cuando haya alcanzado las metas.
_____ b. Para que se enorgullezca de su trabajo de memorización.
_____ c. Para que las razones lo motiven y lo ayuden a tener éxito.
4. Es mejor aprenderse los versículos perfectamente, palabra por palabra, porque eso... (Marque tres respuestas correctas).
_____ a. le enseña a observar los detalles.
_____ b. deja una impresión clara en su mente para que los versículos sean más fáciles de recordar después.
_____ c. le permite usarlos con exactitud.
_____ d. impresiona a los demás con su conocimiento de las Escrituras.
_____ e. le da confianza al usar sus versículos.
5. ¿Por qué se recomienda que se aprenda solamente uno o dos versículos a la semana? (Marque tres respuestas correctas).
_____ a. Para darle una amplia oportunidad de buscar el contexto de los versículos.
_____ b. Para evitar que termine el curso demasiado pronto.

_____ c. Para darle tiempo para meditar en los versículos y aplicarlos a su vida.

_____ d. Para ayudarlo a desarrollar buenos hábitos de memoria y a tener éxito en la memorización de las Escrituras.

_____ e. Para darle el ritmo de aprendizaje óptimo comprobado científicamente.

6. Una forma excelente de tener un pronto inicio en su trabajo de memorización diario es incluirlo como parte de su tiempo a solas en la mañana.
   V F
7. Los versículos de «Viva la vida nueva» tratan los elementos esenciales de la vida obediente y centrada en Cristo.
   V F

Respuestas correctas:

1-V; 2 a-4, b-1, c-8, d-6, e-3, f-7, g-2, h-5; 3-c; 4-b, c, e; 5-a, c, d; 6-V; 7-V

SABER LA VOLUNTAD DE DIOS

Los cristianos a menudo se preguntan qué es lo que Dios quiere que hagan en cuanto a sus deseos y sus planes. Frecuentemente, parece que la voluntad de Dios está escondida en un cofre de tesoro enterrado y que solo tenemos pequeñas partes del mapa para encontrar su ubicación. Pero ¿es eso cierto? ¿Mantiene Dios sus planes escondidos y secretos, o quiere que usted lo siga para que él pueda guiarlo paso a paso?

Un pasaje de las Escrituras que trata con este asunto es Proverbios 3:5-6, el cual usted memorizó en el libro 1. ¿Puede citar ese pasaje ahora mismo? Por favor, marque la casilla después de citarlo. ☐

PARA PENSAR:

¿Hasta qué punto puede alguien más determinar la voluntad de Dios para la vida de usted?

LA VOLUNTAD DE DIOS

1. ¿Cuáles deberían de ser nuestras metas como seguidores de Cristo (Efesios 5:15-17)? _____

2. ¿Qué le gustaría a Dios hacer por nosotros (Salmo 32:8)? ______

______

3. ¿Cuál es el papel del Espíritu Santo (Romanos 8:14)? ______

______

> La voluntad de Dios no es como un paquete mágico que desciende del cielo con una cuerda. [...] La voluntad de Dios es como un rollo que se desenrolla cada día. [...] Dios lo guiará a usted y a mí [...] Un día a la vez. [...] Nuestro llamado, entonces, es seguir al Señor Jesucristo [...] en una relación íntima diaria. En primer lugar, es *ser*, no *hacer*. [...] Cuando nos demos cuenta de eso, comenzaremos a percibir la euforia que cada día puede tener cuando vivimos de la mano de Dios, con la guía del Espíritu Santo, desenrollando así el rollo.
>
> —Paul Little

En las Escrituras, los cristianos tienen toda la guía que necesitan para vivir para Jesucristo. Sin embargo, hay ciertas decisiones específicas que tienen que tomarse aunque la Biblia no dé instrucciones específicas. En estos casos, necesita aplicar los principios bíblicos.

PRINCIPIOS ORIENTADORES

Dios ha dado directrices bíblicas para guiarnos en cuanto a cómo vivir nuestra vida. Si estamos considerando un curso de acción incompatible con la Palabra de Dios, entonces sabemos que esa no es su voluntad para nosotros.

4. Utilizando los siguientes versículos, exprese con sus propias palabras algunos de los objetivos para cada cristiano.

   Dios quiere que...

   Mateo 6:33 ______

   Mateo 22:37-39 ______

   Mateo 28:18-20 ______

   1 Tesalonicenses 5:18 ______

   2 Timoteo 2:2 ______

   2 Pedro 3:18 ______

Hágase las siguientes preguntas basadas en estos versículos y otros similares, para determinar su curso de acción:

a. ¿Estoy poniendo el deseo de Dios antes que el mío?
b. Mi curso de acción ¿me ayudará a amar más a Dios y a los demás?
c. ¿Cómo se relaciona esta acción con mi participación personal en alcanzar y discipular personas?
d. ¿Contribuirá a que yo lleve una vida más santa?
e. ¿Me desplazará hacia más preparación cristiana y crecimiento espiritual?
f. ¿Puedo estar agradecido por los resultados, sean cuales sean?

5. Utilizando los siguientes versículos de 1 Corintios, desarrolle preguntas que podrían ayudarle a alguien a discernir la voluntad de Dios.

   6:12 ______

   6:19-20 ______

   8:9 ______

   10:31 ______

LA OBEDIENCIA A DIOS

Si nos rehusamos a seguir lo que Dios ya nos ha hecho ver, ¿no será menos probable que él nos dé más indicaciones? Obedecer la voluntad conocida de Dios influye en el grado en que recibimos más guía de Dios.

6. ¿Qué otra medida podemos tomar para saber la voluntad de Dios?

   Salmo 143:8 ______

   Santiago 1:5 ______

7. Según Romanos 12:1-2, ¿qué condiciones se dan para encontrar la voluntad de Dios?

   ______

   ______

   ______

8. Lea Salmo 27:14 e Isaías 30:18. ¿Cómo se relaciona esperar al Señor con saber la voluntad de Dios? ¿Cómo se hace?

   ______

   ______

   ______

Satanás apresura a la gente—Dios la guía. —Desconocido

APERTURA A LA GUÍA DE DIOS

Muchas dificultades para determinar la voluntad de Dios se superan cuando uno está preparado para hacer su voluntad, cualquiera que sea.

9. Podría ser que usted no siempre sepa todas las posibles alternativas para determinar qué hacer. Según Proverbios 15:22, ¿cuál es el medio por el que usted puede recabar más información? ______

10. Lea Salmo 1:1.
    a. ¿Del consejo de quién debemos ser escépticos? ______
    b. ¿Cuándo es válido buscar el consejo de un no cristiano? ______

11. ¿Cuáles son algunas otras consideraciones que pueden ayudarle a discernir la guía de Dios? Paree los siguientes versículos con los factores apropiados.

______	Pensamiento cuidadoso y sabio	a. 2 Corintios 2:12-13
______	Paz espiritual interna	b. Filipenses 1:12-14
______	Circunstancias particulares	c. Efesios 5:15-17

    ¿Qué peligros posibles existen al depender solamente de estos factores? ______

PRINCIPIOS EN PRÁCTICA

En las preguntas 1-11, usted identificó varios principios bíblicos para saber la voluntad de Dios y seguir su guía. Una buena forma de poner estos principios en práctica es abordar una decisión con un listado de comprobación de principios de una palabra. Pregúntese cómo esa decisión encaja con cada uno de los seis factores. Dos necesitan explicación adicional porque son más subjetivos que los otros.

1. Objetivos	Preguntas 4–5
2. Obediencia	Preguntas 6–8
3. Apertura	Preguntas 9–11
4. Consejo	Preguntas 9–10
5. Paz	Pregunta 11
6. Circunstancias	Pregunta 11

Paz: ¿Se siente inquieto por seguir una de sus opciones, o percibe una paz interna porque «Dios está en esto»?

Circunstancias: ¿Hay un conjunto de circunstancias que parece apoyar una de las opciones? Ese conjunto de circunstancias, ¿parece ser más que una coincidencia?

12. Algunos pasajes de la Biblia ilustran elementos que afectan el sano juicio. Estudie los siguientes ejemplos. ¿Cuál fue el factor que más influyó en tomar la decisión, sea correcta o incorrecta?

PERSONA	PASAJE	FACTOR INFLUYENTE
Gedeón	Jueces 6:36-38	
Moisés	Hebreos 11:25-26	
Demas	2 Timoteo 4:10	

RESUMEN

La voluntad de Dios

Dios quiere que vivamos vidas productivas y realizadas. Una razón por la que él nos ha dado las Escrituras es para que podamos saber sus indicaciones específicas y los principios generales para la vida.

Principios orientadores

Si vamos a caminar en la voluntad de Dios, tenemos que buscar los objetivos bíblicos y, con la ayuda del Espíritu Santo, seguir obedeciendo la sabida voluntad de Dios. Tenemos que querer lo que Dios quiere.

Principios en práctica

Cuando se toman decisiones relativamente importantes, es sabio usar una lista de comprobación de los factores que debemos considerar. Estos factores deben incluir objetivos, obediencia, apertura, consejo, paz y circunstancias.

TAREA PARA LA SESIÓN 6

1. *Memorización de las Escrituras:* Estudie y complete la «Guía de memorización de las Escrituras—Semana 6» (páginas 55-56). Memorice el (los)

versículo(s) sobre «La comunión»: Hebreos 10:24-25 y 1 Juan 1:3 (recomendado pero opcional).

2. *Tiempo a solas:* Siga leyendo, marcando, respondiéndole a Dios en oración, haciendo anotaciones en *Los puntos sobresalientes de mi lectura* y utilizando una hoja de oración.
3. *Estudio bíblico:* Complete el estudio bíblico «Caminar como un siervo» (páginas 57-60).
4. *Otras:* Obtenga firmas en todo lo que sea posible en *Mi registro de tareas completadas.*

SESIÓN 6

BOSQUEJO DE ESTA SESIÓN

1. Inicie la sesión con oración.
2. Divídanse en grupos de repaso de versículos y cite el (los) versículo(s) sobre «La comunión»: Hebreos 10:24-25 y 1 Juan 1:3 (recomendado pero opcional). Pida firmas para algunas cosas en *Mi registro de tareas completadas.*
3. Comparta algunos pensamientos de su tiempo a solas de *Los puntos sobresalientes de mi lectura.*
4. Lea y discuta «Sugerencias para desarrollar amistades con no cristianos» (páginas 56-57).
5. Discuta el estudio bíblico «Caminar como un siervo» (páginas 57-60).
6. Discuta una hora y un lugar provisionales para la sesión 8.
7. Lea la «Tarea para la sesión 7» (página 61).
8. Termine la sesión con oración. Ore por el desarrollo de amistades genuinas con no cristianos.

GUÍA DE MEMORIZACIÓN DE LAS ESCRITURAS—SEMANA 6

Acerca de los versículos
TEMA 5: LA COMUNIÓN

Un firme seguidor de Cristo buscará de forma activa la comunión con otros creyentes: individualmente, en grupos pequeños y en una iglesia local. Como miembros de un cuerpo, dependemos los unos de los otros. Usted está descubriendo en su grupo 2:7 la contribución valiosa que otros creyentes pueden hacer para su vida. Esto es de acuerdo al diseño de Dios: «Todos ustedes en conjunto son el cuerpo de Cristo, y cada uno de ustedes es parte de ese cuerpo» (1 Corintios 12:27); «Son ciudadanos junto con todo el pueblo santo de Dios. Son miembros de la familia de Dios» (Efesios 2:19).

Hebreos 10:24-25—Este pasaje enseña que debemos animarnos unos a otros al amor y a las buenas obras a través de la comunión regular. Nuestra fe y obediencia a Cristo se pueden estimular a través de la comunión con otros creyentes, así como la de ellos también, a través de la comunión con nosotros.

1 Juan 1:3 (recomendado pero opcional)—Este versículo explica que la verdadera comunión cristiana se centra en Cristo y es más que solamente socializar; el mismo Dios está presente cuando nos reunimos con otros creyentes.

Su plan semanal

1. Para cada versículo que planifica memorizar esta semana, tenga una ficha con el tema, la cita, el versículo y la cita en un lado, y solamente el tema y la cita al otro lado.

2. Comience a memorizar Hebreos 10:24-25, al citar el tema y la cita y luego agregar una frase a la vez hasta que pueda citar el versículo entero. Si memoriza dos versículos en una semana, siga con el patrón de memorizar un versículo nuevo cada dos días.

3. Cada día, cite en voz alta los versículos que memorizó en el libro 1, junto con sus versículos nuevos del libro 2.

4. Lleve consigo sus fichas de versículos para poder usar los momentos libres inesperados durante el día para memorizar, repasar o meditar en sus versículos.

SUGERENCIAS PARA DESARROLLAR AMISTADES CON NO CRISTIANOS

Una parte de su tarea de evangelización en este curso es tener una actividad con alguien que todavía no ha llegado a la fe en Cristo. El propósito de esta actividad es comenzar o profundizar su amistad con esa persona. Por supuesto, una actividad no establece una amistad, así que ore por la persona y pídale a otros que oren. Tal vez piense en otras cosas que puede hacer con esta persona como parte de un grupo o solo ustedes dos. (Para evitar complicaciones, es sabio solamente buscar personas de su propio género).

Las ideas que se comparten aquí no tienen la intención de ser manipuladoras ni insinceras. Los hombres y las mujeres de otros grupos 2:7 han apreciado las sugerencias prácticas que se mencionan aquí.

La actividad que usted elija debe ser algo natural que puedan hacer juntos. Podría ser tan sencillo como tomar un café juntos. He aquí unas cuantas sugerencias:

- Jugar juntos un deporte o asistir a un evento deportivo.
- Ayudar a la persona con una tarea o un proyecto.
- Discutir un pasatiempo o participar juntos en un pasatiempo.
- Asistir a un concierto o una obra de teatro.
- Trabajar en algún proyecto comunitario como voluntarios.

Las posibilidades son casi interminables, pero algunas opciones encajarán en su situación mejor que otras.

Jesús pasó tanto tiempo con no cristianos que se le llamó «amigo de [...] pecadores» (Mateo 11:19). Él tomó la iniciativa de buscar a los que lo necesitaban. Nosotros también podemos hacerlo.

Decida estar donde ellos están. Esté afuera cuando los vecinos lo estén. Haga un asado e invite a algunos vecinos. Únase a un club. Inicie conversaciones interesantes durante los recesos de café y del almuerzo. Hable de temas que les interesen a ellos o que sean de interés mutuo. Sonría, sinceramente y de corazón. Apréndase sus nombres y úselos cuando esté con ellos. Evite temas controversiales hasta que la amistad esté bastante bien establecida.

Usted está orando por ver que algunos de sus conocidos se conviertan en sus amigos. Eso puede tomar tiempo. Pero la evangelización es un proceso que se puede hacer paciente y sinceramente. Usted pone el fundamento para que una persona llegue a la fe en Cristo, a través de usted o de otros.

CAMINAR COMO UN SIERVO

Servir es uno de los mayores desafíos en la vida de un discípulo. A todos les gusta que se les sirva, pero pocos hacen el esfuerzo de servir a otros. A la gente no le importa que la llamen sierva, pero no quiere que se le trate como un siervo. El cristiano maduro se distingue por lo que hará por otros sin esperar nada a cambio.

PARA PENSAR:

Jesús fue el Creador del universo; sin embargo, fue el ejemplo supremo de un siervo. Si él fuera un hombre del siglo veintiuno, ¿cómo cree que demostraría ser siervo?

CRISTO, EL EJEMPLO

1. ¿Cuál fue el propósito de Cristo al venir a este mudo (Marcos 10:45)?

2. Lea Juan 13:1-17.
   a. ¿Cómo sirvió Jesús a los discípulos?

   b. ¿Por qué fue Jesús capaz de dar tan libremente de sí mismo (vea el versículo 3)?

c. Enumere varias lecciones que se destacan para usted del ejemplo de Jesús en este pasaje.

> El hijo de Dios llegó a ser el siervo de Dios para cumplir la misión de Dios.
>
> —J. Oswald Sanders

3. ¿De qué manera debemos ser semejantes a Cristo (Filipenses 2:5-8)?

4. Según los siguientes versículos, ¿quiénes fueron algunas de las personas que con gusto llevaron el título de «siervo»?

   Éxodo 14:31

   1 Samuel 1:11

   1 Samuel 3:9

   1 Samuel 29:8

   Lucas 1:38

   1 Corintios 4:1

5. ¿Qué perspectiva tuvo Pablo en cuanto a ser siervo (1 Corintios 4:1-5)?

EL DESEO DE CRISTO PARA USTED

6. ¿Qué cualidades determinaban quién serviría (Hechos 6:1-7)?

7. Tener una actitud de humildad ¿de qué manera afecta la forma en la que nos relacionamos con los demás (Filipenses 2:3-4)?

CÓMO DAR DE UNO MISMO

8. ¿Cuáles son algunas de las razones por las cuales servir es difícil (Lucas 22:24-27)?

9. Lea Gálatas 5:13-15; 6:9-10.
   a. ¿Qué puede impedir que sirvamos a los demás a nuestra capacidad máxima?

   b. ¿Qué puede motivarnos a servir a los demás a pesar de los obstáculos?

   c. ¿Qué es un obstáculo en su servicio a los demás?

Los cristianos han sido liberados en Cristo, no para hacer lo que a ellos les plazca, sino para servir. Los creyentes han sido:

- Liberados del pecado, para servir a la justicia (Romanos 6:18-19).
- Liberados de Satanás, para servir a Dios (1 Pedro 2:16).
- Liberados de sí mismos, para servir a los demás (Gálatas 5:13).

Los cristianos ya no están bajo la obligación de servir a las cosas de la vida antigua; ahora son libres para servir voluntariamente a las cosas de la vida nueva.

10. ¿A quién servía Pablo? ¿Por qué?

    1 Corintios 9:19

    2 Corintios 4:4-5

11. Lea Proverbios 3:27 y 1 Juan 3:17. ¿Qué le piden estos versículos que haga?

¿En qué necesidades comunes podría ayudar a otra persona o familia?

12. ¿De qué maneras puede servir a otros?
Romanos 14:19
Efesios 4:32
1 Tesalonicenses 5:11
Santiago 5:16
1 Juan 3:11

13. Como siervos, podríamos llegar a estar orgullosos de nuestro servicio. ¿Cuáles son algunas pautas que nos ayudan a evitar llegar a estar orgullosos (Lucas 17:7-10)?

RESUMEN

Cristo, el ejemplo

Jesucristo no estaba obligado a ser un siervo. Él lo hizo voluntariamente. Mientras estuvo en la tierra, Jesús sirvió a la gente de varias maneras, dándose a sí mismo para suplir las necesidades de la gente.

El deseo de Cristo para usted

Queremos ser personas que, al igual que Cristo, sirven a los demás. Cuando tenemos una actitud de humildad, estamos más equipados para servir bien.

Cómo dar de uno mismo

Queremos vencer los obstáculos para servir y ser activos al suplir algunas necesidades de otros. Hay muchas maneras prácticas en las que podemos ser siervos bondadosos.

TAREA PARA LA SESIÓN 7

1. *Memorización de las Escrituras:* No hay versículo nuevo asignado para la próxima vez. Siga afinando los versículos que ya se ha aprendido. Repase en voz alta cuando sea posible.
2. *Tiempo a solas:* Siga leyendo, marcando, respondiéndole a Dios en oración, haciendo anotaciones en *Los puntos sobresalientes de mi lectura* y utilizando una hoja de oración.
3. *Mi historia:*
   a. Estudie la información de «Mi historia» en las páginas 63-75.
   b. Llene una de las tres hojas de trabajo de «Mi historia» en las páginas 75-78.
4. *Otras:* Obtenga firmas en todo lo que sea posible en *Mi registro de tareas completadas.*

SESIÓN 7

BOSQUEJO DE ESTA SESIÓN

1. Inicie la sesión con oración.
2. Divídanse en grupos de repaso de versículos y cite todos los versículos que se ha aprendido hasta este punto del libro 2. Complete y obtenga firmas para más puntos en *Mi registro de tareas completadas.*
3. Lea «¡Felicitaciones!» (página 63).
4. Discuta el material sobre la preparación de «Mi historia» (páginas 63-75).
   a. «Por qué preparar "Mi historia"» (páginas 63-64)
   b. «Comentarios generales acerca de preparar "Mi historia"» (páginas 64-65)
   c. «La ilustración de la uva» (páginas 65 y 66)
   d. «Preparación eficaz de "Mi historia"» (páginas 65-69)
   e. «Dos formas en las que puede organizar su historia» (páginas 69-70)
   f. «Cómo elegir el formato de "Mi historia"» (páginas 70-78)
5. Lea «Taller de la sesión 8» (página 79).
6. Defina el tiempo y el lugar para el taller de la sesión 8.
7. Discuta una hora y un lugar provisional para la sesión 11, su tiempo extenso con Dios.
8. Lea la «Tarea para la sesión 8» (página 79).
9. Termine la sesión con oración. Enfóquese en la gente de su listado de oración por la evangelización y en cualquier actividad amistosa futura.

¡FELICITACIONES!

Hay que elogiarlo por su perseverancia al completar el libro 1 y por seguir con éxito hasta este punto del libro 2 de LA SERIE 2:7. El Señor le ha ayudado a alcanzar algunas metas difíciles, pero significativas, en su desarrollo espiritual. Por la gracia de Dios, pronto se graduará del libro 2, caminará más de cerca con Dios y estará mejor preparado para servirlo dondequiera que él quiera usarlo.

POR QUÉ PREPARAR «MI HISTORIA»

El apóstol Pedro nos desafía: «Si alguien les pregunta acerca de la esperanza que tienen como creyentes, estén siempre preparados para dar una explicación» (1 Pedro 3:15). Una de las herramientas más efectivas que tiene para compartir su fe es la historia de cómo Jesucristo le dio vida eterna y cómo ha enriquecido su vida. El apóstol Juan escribió: «Les anunciamos lo que nosotros mismos hemos visto y oído» (1 Juan 1:3). Juan testificaba de su relación con Jesucristo.

Cuando el apóstol Pablo se presentó ante el Rey Agripa (Hechos 26), habló simple, lógica y claramente de su vida *antes* de la salvación, de *cómo* conoció a Cristo y de cómo fue su vida *después* de la conversión. Se requieren tres o cuatro minutos para leer la historia de Pablo en voz alta y de una manera conversacional.

Aunque usted estará escribiendo «Mi historia», el propósito no es memorizarla y decirla palabra por palabra; es ayudarle a poner en palabras algunos de los detalles importantes e interesantes de su conversión. La elección de las palabras correctas, el flujo de su historia y la manera de comenzar y terminar tienen su propia importancia. Mientras comienza a trabajar en esto, pídale al Señor sabiduría y perspectiva para saber cómo compartir su historia. Esté dispuesto a escuchar las sugerencias de su líder de grupo.

Muchos egresados de La Serie 2:7 han dicho que la preparación que se hizo en «Mi historia» fue una de las partes más ventajosas de su preparación del discipulado. Mucha gente ha llegado a Cristo simplemente porque alguien como usted ha definido más su «historia» mientras pasaba por la La Serie 2:7. Es una forma eficaz de prepararse para cuando «alguien les pregunta acerca de la esperanza que tienen como creyentes».

Confíe en Dios y trabaje duro. Debe darle tiempo, pensamiento y oración a esta parte importante de su entrenamiento del discipulado.

COMENTARIOS GENERALES ACERCA DE PREPARAR «MI HISTORIA»

Usted podrá completar toda, o la mayor parte de, «Mi historia» en un taller especial de la sesión 8. Durante la sesión 9, posiblemente se dará algo de tiempo para oír la historia de los demás. También, uno o dos miembros de su grupo quizás necesiten completar sus historias durante la sesión 9.

1. LA META PRINCIPAL

La meta principal es que complete y cuente su historia verbalmente con un bosquejo en una ficha.

2. NÚMERO DE BORRADORES

La cantidad de tiempo y el esfuerzo que cada persona necesita para preparar su historia puede variar mucho. Tiene poco que ver con la inteligencia o la espiritualidad; tiene todo que ver con la complejidad de las historias de algunas personas.

3. DIFÍCIL PERO GRATIFICANTE

A muchos estudiantes les parece que trabajar en su historia de salvación es la parte más valiosa y estimulante de este curso; otros enfrentan un poco de desánimo cuando pasan por este proceso. Su actitud y cuán arduamente haga su trabajo puede marcar la diferencia. ¡Persevere! Ore por la sabiduría y la guía de Dios.

4. HISTORIA DE SALVACIÓN

Se pueden preparar testimonios sobre muchos temas y adaptarlos a diversas audiencias. La historia de salvación que preparamos durante este curso:

- Será diseñada para darla a una persona que todavía no es cristiana.
- Será más apropiada para compartirla individualmente o en un grupo pequeño.
- Servirá principalmente para «abrir puertas», no como una «herramienta para convencer».

Mucha gente no está lista para ser convencida de que necesita a Cristo pero podría estar dispuesta a hablar acerca del evangelio después de una narración inofensiva de una historia de salvación.

LA ILUSTRACIÓN DE LA UVA

A medida que seguimos madurando en Cristo y tenemos más experiencia en la vida, acumulamos historias acerca de una cantidad de asuntos de la vida (vea la página 66). Estas llegan a ser historias que podemos contar para animar a otros y ayudarlos a crecer en Cristo. «Mi historia», su historia de salvación personal, ayuda a desplazar a la gente hacia la fe en Cristo.

PREPARACIÓN EFICAZ DE «MI HISTORIA»

BOSQUEJO PARA «MI HISTORIA»

En Hechos 22 y 26, Pablo explica cómo llegó a Cristo. Las dos historias nos dan un modelo bíblico que puede ayudarnos a escribir nuestras propias historias de salvación. He aquí el bosquejo de Pablo de Hechos 26:

Introducción	Versículos 2-3
ANTES	Versículos 4-11
CÓMO	Versículos 12-20
DESPUÉS	Versículos 21-23
Conclusión	Versículos 24-29

La ilustración de la uva

Diversas clases de testimonios que se pueden acumular a través de la experiencia cristiana

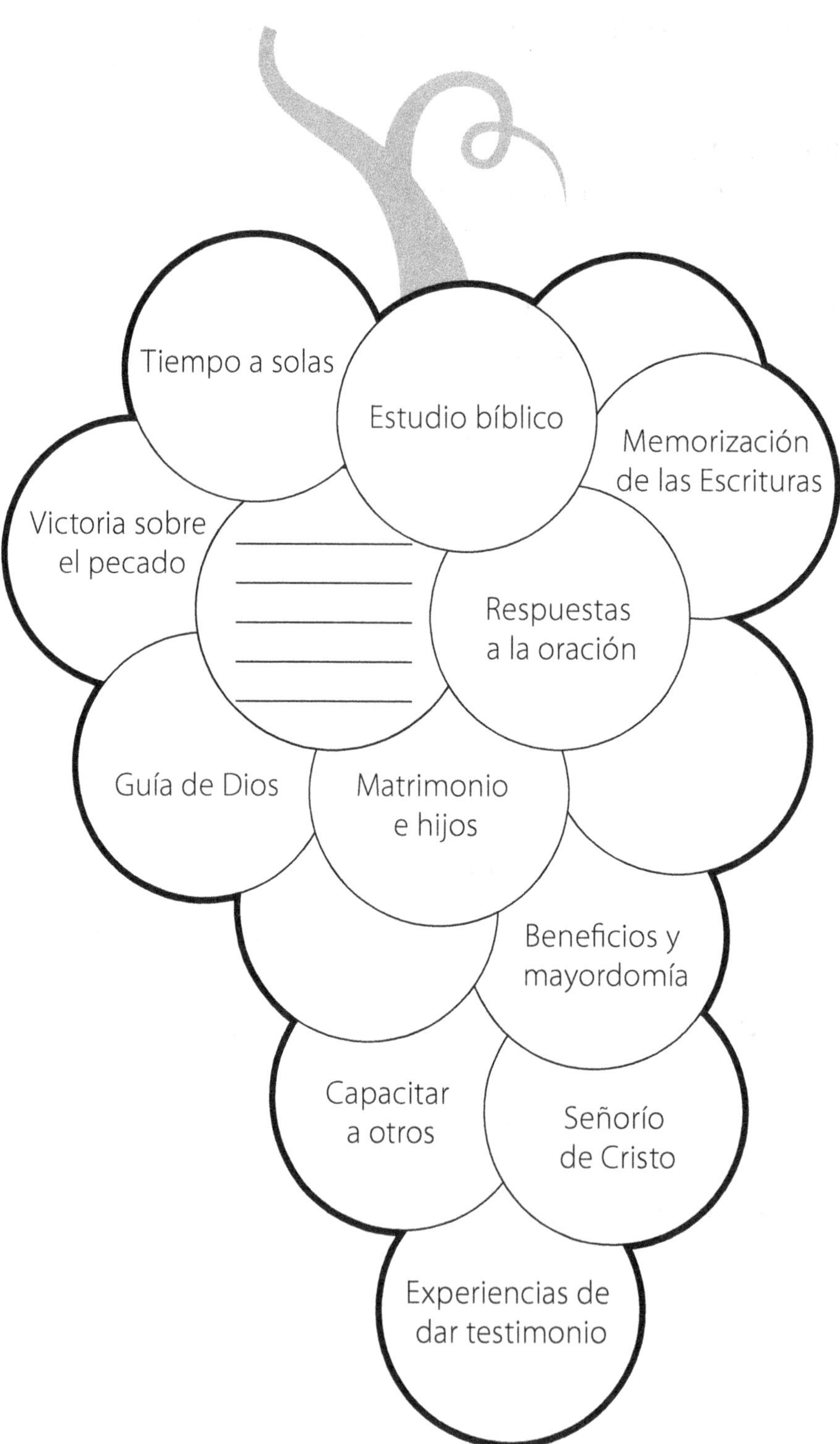

Durante las sesiones 7 y 8, usted estará preparando su *antes, cómo* y *después*. En una de sus sesiones de grupo, tendrá la oportunidad de contar su historia de salvación en menos de cuatro minutos. Se dirá más acerca de la introducción y la conclusión en la sesión 9.

PAUTAS PARA PREPARAR EL CONTENIDO MÁS ESPECÍFICO

1. *Haga que suene conversacional.* Evite declaraciones que suenen literarias. Use lenguaje informal.
2. *Comparta; no predique.* Diga «Yo» y «mí», no «tú» o «usted». Eso mantiene un tono afectuoso y personal en su historia.
3. *Evite las palabras, frases y jerga religiosas.*

TÉRMINOS RELIGIOSOS	SUSTITUTOS POSIBLES
Creer/aceptar a Cristo	Confié o dependí de Cristo para mi salvación
Pecado	Me rebelé en contra de los caminos de Dios; herí a Dios con mis acciones
Pasé al frente	Decidí entregarle mi vida a Dios
Bajo la sangre	Dios perdonó el mal que había hecho
Salvo/nacido de nuevo	Acepté el perdón de Dios
Cristiano	Seguidor de Cristo, cristiano genuino

4. *Generalice para que más gente pueda identificarse con su historia.* Es mejor no nombrar iglesias, denominaciones o grupos específicos. Evite usar fechas y edades.
5. *Incluya algo de humor e interés humano.* Cuando su oyente sonría o se ría, se reduce la tensión. El humor es irresistible y aumenta la atención.
6. *Una o dos ilustraciones verbales aumentan el interés.* No solo diga: «Pat compartió el evangelio conmigo». Puede describir brevemente el ambiente para que la persona que escucha pueda visualizarlo.
7. Explique la manera en que Cristo suplió o suple necesidades en su vida, pero *evite implicar que sus luchas y problemas terminaron en la conversión.*
8. *Haga que se oiga adulto, no infantil.* Refleje un punto de vista adulto aunque se haya convertido a una edad temprana.
9. *Evite las declaraciones dogmáticas y místicas que los escépticos puedan cuestionar*, tal como «Oré, y Dios me dio un trabajo» o «Dios me dijo...»

10. *Simplifique; reduzca el «montón» de detalles.* Mencione un número limitado de personas y use solamente sus primeros nombres o sus apellidos. Combine la información cuando pueda.
    a. No muy útil: «Marta Martínez, Victoria Gutiérrez y su prima Julia Montenegro llegaron a mi oficina de la Corporación de Componentes Digitales Binarios».
    b. Buena opción: «Un día, Marta y otras dos amigas hablaron conmigo en el trabajo».
    c. Buena opción: «Después de vivir en cinco estados y de asistir a seis universidades, finalmente me gradué y conseguí un trabajo de ingeniería».

DESARROLLAR SU ANTES, CÓMO Y DESPUÉS

He aquí algunas sugerencias prácticas para desarrollar las partes del *antes*, *cómo* y *después* de su historia.

1. Antes
    a. Cuando los no cristianos se identifican con el trasfondo de usted, su interés aumenta. En «Mi historia», usted puede compartir un vacío o necesidad, o más que uno, que caracterizaron su vida antes de ser cristiano. Abajo hay algunos patrones de vida o rasgos no cristianos comunes:

        - Nada de paz
        - Aburrimiento
        - Imposible deshacerse de malos hábitos
        - Miedo a la muerte
        - Soledad
        - Falta de significado en la vida
        - Culpa
        - Falta algo
        - Vacío
        - Falta de propósito
        - Depresión
        - Falta de satisfacción con la vida

    b. Los no cristianos pueden ignorar o tratar de deshacerse de las necesidades personales incómodas. Frecuentemente, sus «soluciones» no funcionan. A medida que desarrolla su historia, podría enumerar tanto las soluciones positivas como las negativas que usted intentó, evitando ser gráfico o detallado en cuanto al comportamiento pecaminoso. Considere tratar ligeramente una o dos cosas como estas:

        - Matrimonio/familia
        - Deportes/condición física
        - Pasatiempos/entretenimiento
        - Trabajo
        - Dinero
        - Intimidad
        - Drogas/alcohol
        - Educación
        - Malas amistades

2. Cómo
   a. Describa las circunstancias que hicieron que considerara a Cristo. Tal vez pueda identificar acontecimientos que llevaron a su conversión. Esto pudo haberse llevado a cabo en un período de tiempo prolongado.
   b. Explique brevemente los pasos específicos que dio para llegar a ser cristiano. Si hay algún pasaje en particular de las Escrituras que se aplica aquí, quizás quiera usarlo.
   c. Incluya el evangelio clara y brevemente. El evangelio incluye:

      1. Todos han pecado
      2. El castigo del pecado
      3. Cristo sufrió el castigo
      4. Hay que recibir a Cristo

3. Después
   a. Repase las necesidades o los patrones de vida que compartió en su *antes.* ¿Cómo ha ayudado o ha sanado Cristo esas necesidades sensibles o desagradables? ¿Qué ha cambiado desde que llegó a ser seguidor de Cristo (por ejemplo, saber que sus pecados son perdonados, un nuevo significado y propósito en la vida, seguridad de salvación u otras formas en las que ha cambiado su perspectiva)?
   b. Concluya con una declaración de una sola frase acerca de su confianza en tener vida eterna. La persona con la que hable se inclinará a comentar o a recordar lo último que diga.

DOS FORMAS DE ORGANIZAR SU HISTORIA

En la página 70, comenzará a considerar cuál de estos tres formatos de testimonio usted quiere usar para su historia de salvación. Además de los tres formatos, he aquí opciones que les han sido útiles a muchos. Podría considerar una de dos maneras para organizar su historia: ya sea siguiendo la secuencia cronológica o utilizando un rápido vistazo/escena retrospectiva mientras comienza su historia.

1. Cronológico
   En este enfoque, usted cuenta su historia en la secuencia cronológica en la que ocurrió.

Tal vez querrá usar este formato:

a. Si se convirtió más adelante en la vida.
b. Si tiene suficiente material interesante que compartir antes de su conversión.
c. Si su *cómo* interesante ocupa una gran porción de su historia (entonces el *antes* llega a ser relativamente corto).

2. Vistazo/escena retrospectiva

   En este enfoque, usted da un vistazo rápido e interesante de su vida hasta el tiempo presente y luego da una retrospectiva de la dimensión espiritual de su vida. La escena retrospectiva puede regresar directamente al *cómo* o apenas antes del *cómo*.

Tal vez querrá usar este formato:

a. Si llegó a Cristo a una edad temprana.
b. Si tuvo una vida temprana sin incidentes, pero tuvo una vida adulta más interesante.
c. Si su *cómo* es muy corto.

CÓMO ELEGIR EL FORMATO DE «MI HISTORIA»

FORMATOS Y HOJAS DE TRABAJO DE MUESTRA

Lea completamente las tres condensadas historias de salvación de muestra (páginas 71-75). Luego, elija el formato que encaje mejor con su propia historia y llene la hoja de trabajo de ese formato (páginas 75-78). A medida que escribe el primer borrador de su historia, le podría ser útil consultar la historia de muestra y la hoja de trabajo que llenó.

☐ FORMATO 1: CONVERSIÓN EN LA ADULTEZ

Usted confió en Cristo como persona adulta. Tiene un *antes*, *cómo* y *después* marcados.

☐ FORMATO 2: CONVERSIÓN TEMPRANA / UN COMPROMISO MÁS PROFUNDO EN LA ADULTEZ

Usted tiene que evaluar si la experiencia de la conversión temprana fue genuina.

Si llega a la conclusión de que no lo fue, entonces puede usar el Formato 1 como modelo. Si fue genuina, su vida pudo estar caracterizada por inmadurez espiritual o un estilo de vida en cierta manera similar a la gente sin fe en Cristo.

☐ **FORMATO 3: CONVERSIÓN TEMPRANA / UN CRECIMIENTO CONSTANTE**

Probablemente usted creció con padres cristianos y tiene un fuerte trasfondo en la iglesia. Podría tener muy poco *antes* que compartir. (Frecuentemente, el «vistazo/escena retrospectiva» funciona bien con este formato).

FORMATO 1: CONVERSIÓN EN LA ADULTEZ*

ANTES Hace unos años, me encontré sin propósito en mi vida. Algo faltaba. Nada parecía llenar el vacío. Me había especializado en ingeniería eléctrica en la universidad y conseguí un buen trabajo cuando me gradué. Durante tres años, trabajé horas extra y, finalmente, obtuve un ascenso, pero no tuve una satisfacción verdadera con eso. Comencé a trabajar cada vez más largas horas, entregándome a mi profesión. Eso comenzó a tener un efecto negativo en mí. Le decía a mi esposa que solo lo hacía por ella y los niños, pero yo sabía que era una excusa. Lo que comenzó como un matrimonio «ideal» se estaba desintegrando. Llegué al punto en el que no quería irme a casa en la noche. La «hora feliz» era más divertida que los argumentos.

CÓMO En mi siguiente trabajo, me pidieron que asistiera a un seminario de ingeniería junto con David y Jack, unos compañeros de trabajo. David parecía tener algo particular que le hacía falta a mi vida. En el camino de regreso del seminario, David me contó cómo Cristo había transformado su vida y le había dado una nueva razón de vivir. Muchas de las cosas que dijo parecían ser similares a mi situación. Habló de haber tenido éxito en su carrera, pero, de alguna forma, se quedaba corto de lo que quería de la vida. Entonces dijo que la respuesta a su frustración fue dedicar personalmente su vida a Jesucristo. En una oración, admitió ante Dios que había hecho muchas cosas que sabía que eran

*Este es un ejemplo condensado.

muy malas. Le dio el control de su vida a Dios. David me dijo que la Biblia decía que Cristo había muerto en la cruz para que pudiéramos ser perdonados por todo lo que hubiéramos hecho mal. Yo había oído eso antes, pero ahora parecía tener mucho más sentido. Unos días después del seminario, di una caminata por el lago cerca de nuestra casa. Oré y le confesé a Dios algunas de las cosas que había hecho y que sabía que lo habían herido y le habían desagradado. Le pedí a Cristo que llegara a mi vida y que tomara el control, porque yo solo no estaba haciendo un buen trabajo con ella.

DESPUÉS

Bueno, no hubo ningún relámpago ni emoción fuerte, pero sí sé que sentí como si un gran peso se había quitado de mis hombros. No todo está perfecto ahora, pero sí siento como si tuviera todo un nuevo propósito para vivir. Dios me ha dado más estabilidad y propósito. Ahora es muy importante para mí saber que estaré con Dios después de esta vida.

FORMATO 2: CONVERSIÓN TEMPRANA / UN COMPROMISO MÁS PROFUNDO EN LA ADULTEZ*

ANTES DE LA ENTREGA TOTAL

No hace mucho tiempo, se podría haber caracterizado mi vida como sin paz interna verdadera. Todo lo que me rodeaba parecía estar en una confusión total. Nada de lo que hacía aliviaba la tensión en mi vida. Parecía que nada podía llenar el anhelo que crecía en mi corazón. Pensé que podía llenar ese vacío involucrándome en actividades. Me uní al balneario, tomé lecciones de golf, me involucré en transportar a nuestros hijos a sus diversos deportes y lecciones. Consideré volver al trabajo de medio tiempo. Entonces, mi esposo recibió un ascenso, y nos trasladamos a otra ciudad. Si había sentido tensión antes, el traslado solamente hizo que fuera más intensa. Parecía que el único alivio que tenía era tomar tranquilizantes, pero eso solamente era temporal, y me asusté al darme cuenta de que comenzaba a depender de ellos.

---

*Este es un ejemplo condensado.

CÓMO Con el paso de los años, habíamos dejado el hábito de asistir a la iglesia, pero los García nos invitaron a ir a la iglesia con ellos, por lo que comenzamos a hacerlo. Después de haber asistido por un par de meses, decidimos participar en un grupo de estudio bíblico. Allí conocimos gente que era divertida pero que tomaba su cristianismo en serio. Ellos comenzaron a animarnos a verdaderamente entregarle nuestra vida a Cristo.

Repasamos algunas cosas que yo había oído cuando estaba creciendo: que todos estábamos quebrantando las leyes de Dios y merecíamos estar separados de él, pero que Dios había provisto el camino para restaurar esa relación con él, y esa provisión era la muerte de su único Hijo, Jesucristo. Lo que yo tenía que hacer en cuanto a eso era reconocer mi desobediencia a Dios, alejarme de ella y pedirle a Cristo que tomara el control de mi vida como mi Salvador y Señor. Por lo que le pedí a Cristo que me aplicara su muerte y que tomara las riendas.

DESPUÉS No fue hasta que nos involucramos en ese estudio de miércoles por la noche que en realidad entendí lo que significaba estar entregada a Jesucristo. Aprendí que no podía experimentar la paz interna mientras descuidaba a Dios. Como resultado del estudio bíblico, hice un compromiso totalmente nuevo con Cristo. Finalmente obtuve la paz interna por la que me esforzaba tan desesperadamente. Pero lo más grandioso de todo es que sé con seguridad que tengo una relación personal con Dios a través de Cristo y que tengo vida eterna.

FORMATO 3: CONVERSIÓN TEMPRANA / UN CRECIMIENTO CONSTANTE*

ANTES Como persona soltera, veo a otros solteros que tratan febrilmente de crear una vida feliz y satisfactoria. Les gusta viajar; algunos prueban el ambiente del bar o el salir con alguien, los juguetes de alta tecnología, los deportes o

*Este es un ejemplo condensado.

incluso el abuso de sustancias. También veo hombres y mujeres casados (en donde trabajo) tratando de unir sus vidas sin saber en realidad cómo. Estoy involucrado en muchas de las mismas actividades sociales que otros solteros. Me gusta hacer ejercicio y correr. Ahorro mi dinero para hacer viajes cortos al extranjero cuando encuentro un buen precio. Pero tengo un contentamiento y una estabilidad que se le escapan a mucha gente. Esta estabilidad nueva comenzó en mi vida durante la preparatoria.

CÓMO Cuando crecía, mis padres eran muy activos en la iglesia. Debido a que eran tan activos, pensaron que yo también debería de serlo, por lo que cada domingo estábamos allí. Era algo real para ellos, pero para mí era simplemente socializar con mis amigos. Entonces, un verano, asistí a un campamento de la iglesia. Eso cambió toda mi opinión de la «religión». Descubrí en ese campamento que el cristianismo era más que simplemente una religión; era una relación personal con Dios a través de su Hijo, Jesucristo.

Algunos de los grupos de discusión se enfocaron en quién era Jesucristo y en lo que hizo. Un día, después de los deportes, mi consejero del campamento me preguntó si alguna vez le había entregado mi vida personalmente a Cristo, ¿o estaba todavía pensándolo? Yo le dije que todavía lo estaba pensando. Consideramos algunos de los versículos clave acerca de los pasos que yo podía dar para establecer una relación significativa con Dios a través de Jesucristo. En la Biblia, vi que necesitaba perdón y que Dios me ofrecía el regalo de vida eterna. Puse mi confianza en la muerte de Jesucristo en la cruz por mí. Oré allí mismo y le pedí a Jesucristo que me aplicara personalmente su muerte en la cruz.

DESPUÉS A medida que crecía física y mentalmente, también crecí espiritualmente. Me doy cuenta de que cuando trato de hacer las cosas a mi manera y dejo a Dios fuera del escenario, tengo las mismas batallas que todos los demás. Pero cuando le permito tener el control, experimento una estabilidad que solamente puede ser de él. El contentamiento que experimento a través de mi relación con Dios ha impactado mi desempeño en el trabajo de maneras positivas y me ha ayudado a ser menos egocéntrico. Pero el beneficio más grande es saber que tengo vida eterna a través de Cristo.

HOJA DE TRABAJO—FORMATO 1: CONVERSIÓN EN LA ADULTEZ

A continuación, hay un listado de preguntas para una historia de salvación de conversión en la adultez. Por favor, anote algunos de sus pensamientos bajo cada pregunta. Esto le proporciona un bosquejo con el que puede escribir oraciones y párrafos acerca de sus propias experiencias y puede ayudarle a crear su primer borrador de «Mi historia» para discutirlo en la sesión 8.

ANTES:

1. Antes de conocer a Cristo, ¿cuáles eran algunas de sus necesidades? ¿Qué faltaba o qué necesitaba en su vida?

2. ¿Qué soluciones ineficaces intentó?

CÓMO:

1. ¿Cuáles fueron las circunstancias que hicieron que considerara a Cristo?

2. Diga cómo confió en Cristo, y brevemente incluya el evangelio.

DESPUÉS:

1. Dé un ejemplo de cómo Cristo suplió sus necesidades o cómo contribuye ahora a su vida.

2. Termine con una frase en cuanto a que sabe que tiene vida eterna a través de Cristo.

HOJA DE TRABAJO—FORMATO 2: CONVERSIÓN TEMPRANA / UN COMPROMISO MÁS PROFUNDO EN LA ADULTEZ

A continuación, hay un listado de preguntas para una historia de salvación de Conversión temprana / Un compromiso más profundo en la adultez. Por favor, anote algunos de sus pensamientos bajo cada pregunta. Esto le proporciona un bosquejo con el que puede escribir oraciones y párrafos acerca de sus propias experiencias y puede ayudarle a crear su primer borrador de «Mi historia» para discutirlo en la sesión 8.

ANTES:

1. Antes de su nuevo compromiso con Cristo, ¿cuáles eran algunas de sus necesidades? ¿Qué faltaba o qué necesitaba en su vida?

2. ¿Qué soluciones inefectivas intentó?

CÓMO:

1. ¿Cuáles fueron las circunstancias que lo guiaron a hacer el compromiso con Cristo más profundo?

2. Mencione su experiencia de conversión, cuándo confió en Cristo y brevemente incluya el evangelio.

DESPUÉS:

1. Dé un ejemplo de cómo Cristo está supliendo sus necesidades o cómo contribuye ahora a su vida.

2. Termine con una frase en cuanto a que sabe que tiene vida eterna a través de Cristo.

HOJA DE TRABAJO—FORMATO 3: CONVERSIÓN TEMPRANA / UN CRECIMIENTO CONSTANTE

A continuación, hay un listado de preguntas para una historia de salvación de Conversión temprana / Un crecimiento constante. Por favor, anote algunos de sus pensamientos bajo cada pregunta. Esto le proporciona un bosquejo con el que puede escribir oraciones y párrafos acerca de sus propias experiencias y puede ayudarle a crear su primer borrador de «Mi historia» para discutirlo en la sesión 8.

ANTES:

1. ¿Cuáles son algunas necesidades que ha observado o cosas que hacen falta en la vida de otras personas?

2. ¿Qué soluciones observa que no le sirven a la gente?

CÓMO:

1. Explique cómo su relación con Dios a través de Cristo ha hecho que muchas de estas cosas no sean un problema tan grave para usted.

2. Mencione su experiencia de conversión. Incluya brevemente el evangelio y exponga cómo confió en Cristo.

DESPUÉS:

1. Dé un ejemplo de cómo Cristo está supliendo sus necesidades o cómo contribuye a su vida.

2. Termine con una frase en cuanto a que sabe que tiene vida eterna a través de Cristo.

TALLER DE LA SESIÓN 8

Verá que la sesión 8 es una experiencia muy valiosa. El taller se puede hacer de maneras distintas, dependiendo del tamaño de su iglesia, de la cantidad de personas en su grupo y de otros factores. Los hombres y las mujeres responsables del entrenamiento del discipulado de su iglesia planificarán su taller después de considerar las opciones descritas en www.serie2-7.com. Por favor, ore por sus líderes, por usted mismo y por los demás de su grupo, y para que Dios use la sesión 8 de maneras significativas.

De cualquier manera que se organice la sesión 8:

1. Planifique llegar al taller preparado para leer un borrador escrito de su historia de salvación.
2. Venga dispuesto a hacer ajustes a su historia; otros posiblemente sugerirán maneras en las que podría mejorarla. Todos en su grupo reescribirán partes de su historia, afinándola de manera que cuando se cuente verbalmente, pueda influir efectivamente en la mente y el corazón de un no cristiano que la escuche.

TAREA PARA LA SESIÓN 8

1. *Memorización de las Escrituras:* Estudie y complete la «Guía de memorización de las Escrituras—Semana 8» (páginas 81-82). Memorice el (los) versículo(s) sobre «Dar testimonio»: Mateo 4:19 y Romanos 1:16 (recomendado pero opcional).
2. *Tiempo a solas:* Siga leyendo, marcando, respondiéndole a Dios en oración, haciendo anotaciones en *Los puntos sobresalientes de mi lectura* y utilizando una hoja de oración.
3. *Mi historia:* Venga con un borrador escrito de su historia de salvación. Dos cosas pueden serle de gran ayuda:
   a. Escriba basado en las notas que hizo en la hoja de trabajo (páginas 75-78).
   b. Consulte el formato de muestra que encaje con su historia (página 75, 76 o 77).
4. *Otras:* Complete todo lo que sea posible en *Mi registro de tareas completadas.*

SESIÓN 8

BOSQUEJO DE ESTA SESIÓN

1. Inicie la sesión con oración.
2. Lea la «Tarea para la sesión 9» (página 82).
3. Divídanse en grupos de repaso de versículos y cite el (los) versículo(s) sobre «Dar testimonio»: Mateo 4:19 y Romanos 1:16 (recomendado pero opcional).
4. Participe en el taller para mejorar «Mi historia».
5. Termine la sesión con oración.

GUÍA DE MEMORIZACIÓN DE LAS ESCRITURAS— SEMANA 8

Acerca de los versículos

TEMA 6: DAR TESTIMONIO

Dios les ha dado a los cristianos el privilegio y la responsabilidad de alcanzar a los que no tienen a Cristo. Estamos en la tierra para ser sus testigos.

Mateo 4:19—Jesús desafió a dos pescadores con una meta infinitamente mayor: pescar personas. Independientemente de nuestra ocupación, Jesús quiere que lo sigamos y que participemos con él en el alcance a otros con el evangelio.

Romanos 1:16 (recomendado pero opcional)—Al igual que el apóstol Pablo, podemos compartir el evangelio sin vergüenza. Explica el poder de Dios para salvar: la respuesta eterna a las necesidades de los hombres y las mujeres. Jesús dijo: «Todo aquel que me reconozca en público aquí en la tierra también lo reconoceré delante de mi Padre en el cielo» (Mateo 10:32).

La frase «a los judíos primero y también a los gentiles» (Romanos 1:16) significa que el evangelio es para todos y tiene un significado y una aplicación universal.

Su plan semanal

1. Para cada versículo que planifica memorizar esta semana, tenga una ficha con el tema, la cita, el versículo y la cita en un lado, y solamente el tema y la cita en el otro lado.

2. Comience a memorizar Mateo 4:19, al citar el tema y la cita y luego agregando una frase a la vez hasta que pueda citar todo el versículo. Cuando esté memorizando dos versículos en una semana, memorice el primer

versículo en dos días, luego el segundo versículo en dos días, para dejar tres días para repasar los dos.

3. Cada día, cite en voz alta los versículos que haya memorizado en el libro 1, junto con los versículos que se ha aprendido en el libro 2.

4. Lleve consigo sus fichas de memorización para que pueda utilizar los momentos libres inesperados durante el día para memorizar, repasar o meditar en sus versículos.

5. Antes de llegar a la clase, escriba su(s) nuevo(s) versículo(s) de memoria o cítele su(s) versículo(s) a alguien, solo para verificar su exactitud.

TAREA PARA LA SESIÓN 9

1. *Memorización de las Escrituras:* Continúe afinando los versículos que se ha aprendido. Repase en voz alta cuando sea posible.
2. *Tiempo a solas:* Siga leyendo, marcando, respondiéndole a Dios en oración, haciendo anotaciones en *Los puntos sobresalientes de mi lectura* y utilizando una hoja de oración.
3. *Mi historia:*
   a. Practique relatar su historia en voz alta, usando solamente su bosquejo en una ficha.
   b. Lea el material sobre la introducción y la conclusión de su historia de salvación (páginas 83-85).
4. *Otras:*
   a. Complete y obtenga firmas en todo lo que pueda en *Mi registro de tareas completadas.*
   b. Lea cuidadosamente y marque *Mi corazón, el hogar de Cristo* (páginas 85-93) y complete «Discuta *Mi corazón, el hogar de Cristo*» (páginas 94-95).

SESIÓN 9

BOSQUEJO DE ESTA SESIÓN

1. Inicie la sesión con oración.
2. Divídanse en grupos de repaso de versículos y cite todos los versículos que se ha aprendido en el libro 2. Obtenga firmas en puntos de *Mi registro de tareas completadas.*
3. Oiga a los que todavía no han contado su «Mi historia» compartir con el grupo usando un bosquejo.
4. Discuta el material sobre la introducción y la conclusión de una historia de salvación (páginas 83-85).
5. Discuta *Mi corazón, el hogar de Cristo* (páginas 94-95).
6. Lea la «Tarea para la sesión 10» (página 95).
7. Termine la sesión con oración. Enfóquese en los puntos sobresalientes de *Mi corazón, el hogar de Cristo.*

Por favor, tenga en mente que la introducción y la conclusión que decida usar cada quien puede variar con cada persona y situación.

LA INTRODUCCIÓN DE «MI HISTORIA»

Se ha esforzado mucho por afinar su historia de salvación. Puede que algunas preguntas surjan en su mente: «¿Cuándo la comparto?», «¿Cómo dirijo la conversación para que me lleve a contar "Mi historia"?». He aquí algunas sugerencias (para cómo ser sabio y sensible, no manipulador):

1. Incluya un poco de conversación informal antes de discutir asuntos espirituales. Hable de su familia, del trabajo, de los pasatiempos, de los intereses, etcétera.
2. Esté alerta de las necesidades que se expresen. La necesidad que se percibe podría llegar a ser la base para más discusión. Frecuentemente, saber escuchar le lleva a poder compartir su historia.
3. Discuta las preocupaciones y las necesidades pasadas que ha tenido en su vida, como: «Solíamos tener luchas constantes en nuestra relación matrimonial» o «Yo solía permitir que las presiones del trabajo me afectaran, y luego descubrí algo que marcó una gran diferencia en mi vida».
4. Discuta situaciones contemporáneas de las noticias o de su área:

«Recientemente, vi un videoclip que mostraba el grado de abuso de sustancias en las pequeñas ciudades de los Estados Unidos. Parece que la gente está tratando de encontrar algo que satisfaga. La gente del video explicaba cómo cayeron en ese estilo de vida». Evite temas que llevan a tomar partidos y a peleas.

5. Desarrolle amistades genuinas con ellos. Puede requerir diez minutos, diez días o diez meses, pero la inversión de tiempo puede cultivar una amistad.
6. No los condene por comportarse como no cristianos; *son* no cristianos. Usted puede ser un amigo sin involucrarse en sus actividades marginales. A medida que ellos sigan observando la vida de usted, verán cada vez más cómo pueden tener una mejor vida en Cristo.
7. Evite las declaraciones «religiosas» dogmáticas, tales como «Dios me dijo que ____________» o «Jesús es la respuesta a todos tus problemas». Ellos todavía no saben quién es él, mucho menos qué puede hacer él en la vida de ellos.
8. Evite argumentos sobre asuntos morales. Puede esperar que las opiniones de los no cristianos estén en conflicto con la enseñanza bíblica clara. Después de su entrega a Cristo, se podrá establecer una base bíblica.

FORMAS DE CONCLUIR «MI HISTORIA»

Cuando haya compartido su historia de salvación, quizás querrá concluirla con una declaración que cause que la persona reflexione en lo que usted acaba de compartir. Lo que usted dirá depende de cómo la persona ha estado reaccionado a su testimonio. Si la respuesta de la persona parece negativa o neutral, podría decir algo como lo siguiente:

1. «Bueno, esa es mi historia. Cristo verdaderamente ha transformado mi vida. ¿Dónde te encuentras en tu opinión de Dios?».
2. «¿Te has preguntado acerca de cómo una persona puede tener vida eterna?».
3. «Si te interesa, tal vez podríamos discutirlo un poco más en alguna ocasión».

Si su respuesta parece positiva, podría hacer una de estas preguntas:

1. «Bill, ¿te ha ocurrido algo como esto alguna vez?».
2. «Mary, ¿sabes con seguridad si tienes vida eterna?».
3. «¿Qué habías oído antes acerca de la muerte de Cristo en la cruz?».
4. «¿Puedo compartir contigo una ilustración que explica cómo una

persona puede saber con seguridad que tiene vida eterna?». (Quizás pueda usar La ilustración del puente si la persona dice que sí).

Generalmente, cuando comparte «Mi historia» usted está plantando y regando (1 Corintios 3:6-7), no cosechando (Juan 4:36-38). «Mi historia» tiende a ser un abrepuertas, no una herramienta de convencimiento. Una historia de salvación personal llega a ser la «carnada», y el evangelio es el «anzuelo».

MI CORAZÓN, EL HOGAR DE CRISTO

Robert Boyd Munger

En su carta a los Efesios, Pablo escribe estas palabras: «Que, de sus gloriosos e inagotables recursos, [Dios] los fortalezca con poder en el ser interior por medio de su Espíritu. Entonces Cristo habitará en el corazón de ustedes a medida que confíen en él» (Efesios 3:16-17). O, como alguien más lo ha traducido: «Que Cristo se establezca y esté en casa en sus corazones por fe» (Weymouth).

Sin duda, una de las doctrinas cristianas más extraordinarias es que el mismo Jesucristo, a través del Espíritu Santo, en realidad entrará al corazón, se establecerá y estará en casa allí. Cristo morará en cualquier corazón humano que lo reciba.

Él les dijo a sus discípulos: «Todos los que me aman harán lo que yo diga. Mi Padre los amará, y vendremos para vivir con cada uno de ellos» (Juan 14:23). Pero también les decía que pronto los dejaría (Juan 13:33). Era difícil para ellos entender lo que él decía. ¿Cómo era posible que él los dejara y que viviera con ellos al mismo tiempo?

Es interesante que Jesús usa un concepto similar aquí (*hogar*) que usa antes en Juan 14: «Voy a prepararles un *lugar* [...] para que siempre estén conmigo donde yo estoy» (vv. 2-3, énfasis agregado). Él prometía que así como él se iba al cielo a preparar un lugar para ellos y que algún día los recibiría allí, de igual manera, sería posible que ellos le prepararan un lugar en sus corazones ahora. Él vendría y haría su hogar con ellos, aquí mismo.

Esto iba más allá de la comprensión de ellos. ¿Cómo podría ser?

Entonces llegó Pentecostés. El Espíritu del Cristo vivo le fue dado a la iglesia, y ellos experimentaron lo que él había profetizado. Ahora lo entendían. Dios no moraba en el templo de Herodes en Jerusalén, ¡ni en ningún templo hecho con manos humanas! Ahora bien, a través del milagro del Espíritu derramado, Dios moraría en los corazones humanos. El cuerpo del creyente había llegado a ser el templo del Dios vivo y el corazón humano el hogar de Jesucristo. Treinta minutos después del Pentecostés, los discípulos sabían más de Jesús de lo que habían sabido en los tres años anteriores. Para mí, es difícil pensar en un privilegio más alto que hacer un hogar para Cristo en mi corazón, para recibirlo, servirlo, agradarlo y conocerlo allí.

Nunca olvidaré la noche en la que lo invité a mi corazón. ¡Qué entrada la que hizo! No fue algo espectacular ni emocional, pero sí muy real, que ocurrió en el mismo centro de mi alma. Él entró a la oscuridad de mi corazón y encendió la luz. Hizo un fuego en la chimenea fría y expulsó el frío. Puso música donde había habido silencio y armonía donde había habido discordia. Llenó el vacío con su propia comunión amorosa. Nunca he lamentado haberle abierto la puerta a Cristo, y nunca lo haré.

Este, por supuesto, es el primer paso para hacer del corazón el hogar de Cristo. Él ha dicho: «¡Mira! Yo estoy a la puerta y llamo. Si oyes mi voz y abres la puerta, yo entraré y cenaremos juntos como amigos» (Apocalipsis 3:20). Si quiere conocer la realidad de Dios y la presencia personal de Jesucristo en la parte más íntima de su ser, simplemente abra bien la puerta y pídale que entre y sea su Salvador y Señor.

Después de que Cristo entró en mi corazón, en el gozo de esa recién encontrada relación, le dije: «Señor, quiero que este corazón mío sea tuyo. Quiero que te establezcas aquí y que estés totalmente en casa. Quiero que lo uses como tuyo. Permíteme enseñártelo y señalar algunas de las características de la casa para que puedas estar más cómodo. Quiero que disfrutes nuestro tiempo juntos». Él entró con gusto y parecía contento de recibir un lugar en mi pequeño y ordinario corazón.

El estudio

La primera habitación que vimos juntos fue el estudio: la biblioteca. Llamémosla el estudio de la mente. Ahora bien, en mi casa esta habitación de la mente es un cuarto pequeño con paredes gruesas. Pero es una habitación importante. En un sentido, es la sala de control de la casa. Él entró conmigo y miró a su alrededor los libros en los estantes, las revistas de la mesa, los cuadros de las paredes.

Mientras yo seguía su mirada, me puse incómodo. Aunque parezca raro, anteriormente no me había sentido mal en cuanto a esta habitación, pero ahora que él estaba allí conmigo, viendo esas cosas, me avergoncé. Sus ojos eran demasiado puros como para ver algunos de los libros en los estantes. En la mesa había algunas revistas que un cristiano no tiene excusa para leer. En cuanto a los cuadros de la pared —reproducciones de mi imaginación y mis pensamientos—, algunos de ellos eran vergonzosos.

Con el rostro ruborizado, me volteé hacia él y le dije:

—Maestro, sé que esta habitación

en realidad necesita que se le limpie y se le transforme. ¿Me ayudarías a darle forma y a transformarla como debe ser?

—Por supuesto —dijo él—. ¡Me alegra ayudarte! ¡He venido para encargarme de cosas como estas! En primer lugar, toma todos los materiales que estás leyendo y viendo que no sean verdaderos, buenos, puros y útiles, y ¡deséchalos! Luego, pon en los estantes vacíos los libros de la Biblia. Llena la biblioteca con las Escrituras y medita en ellas día y noche. En cuanto a los cuadros de la pared, tendrás dificultad para controlar estas imágenes, pero tengo algo que te ayudará. —Me dio un retrato de él de tamaño real—. Cuélgalo en el centro —dijo él—, en la pared de tu mente.

Lo hice, y con el paso de los años, he descubierto que cuando mis pensamientos están centrados en Cristo, la consciencia de su presencia, su pureza y su poder hace que los pensamientos malos e impuros se retiren. Por lo que él me ha ayudado a poner mis pensamientos bajo su control, aunque la lucha permanece.

Si usted tiene dificultad con esta pequeña habitación de la mente, permítame animarlo a llevar a Cristo allí. Llénela completamente de la Palabra de Dios: estúdiela, medite en ella y mantenga claramente ante usted la presencia del Señor Jesús.

El comedor

Del estudio seguimos al comedor, el salón de los apetitos y deseos. Ahora bien, este era un salón grande, un lugar muy importante para mí. Pasé mucho tiempo y gasté mucho esfuerzo en el intento de satisfacer todos mis deseos.

Le dije:

—Este es uno de mis salones favoritos. Estoy seguro de que te agradará lo que servimos aquí.

Él se sentó a la mesa y preguntó:

—¿Qué hay en el menú para la cena de esta noche?

—Pues —dije—, mis platos favoritos: dinero, títulos académicos y acciones, con artículos de prensa de fama y fortuna como guarniciones.

Esas eran las cosas que me gustaban, comida totalmente secular. No había nada tan malo en ninguna de ellas, pero en realidad no era la clase de comida que alimentaría el alma y satisfaría la verdadera hambre espiritual.

Cuando se colocaron los platos ante mi amigo nuevo, él no dijo nada. Observé, sin embargo, que no comió. Le pregunté, un poco inquieto:

—Salvador, ¿no te gusta esta comida? ¿Qué pasa?

Él respondió:

—Yo tengo alimento para comer que tú no conoces. Mi alimento es hacer la voluntad del que me envió. —Me miró otra vez y dijo—: Si quieres comida que en realidad te satisfaga, haz la voluntad de tu Padre celestial. Pon su agrado antes que el tuyo. Deja de esforzarte por tus propios deseos, por tus propias ambiciones, por tus propias satisfacciones.

Busca agradarlo. Esa comida en realidad te dejará satisfecho. ¡Prueba un bocado!

Y allí en la mesa, él me dio a probar hacer la voluntad de Dios. ¡Qué sabor! No hay comida como esa en todo el mundo. Solo ella satisface. Al final, todo lo demás te deja con hambre.

¿Cuál es el menú en el comedor de nuestros deseos? ¿Qué clase de comida le servimos a nuestro acompañante divino y nos servimos a nosotros mismos? «Un intenso deseo por el placer físico, un deseo insaciable por todo lo que vemos, y el orgullo de nuestros logros y posesiones» (1 Juan 2:16), ¿nuestros deseos egoístas? ¿O es la voluntad de Dios la comida y la bebida que satisface nuestra alma?

La sala de estar

Después, nos desplazamos a la sala de estar. Era una habitación tranquila y cómoda, con una atmósfera cálida. Me gustaba. Tenía una chimenea, un sofá, sillas acolchonadas, unos estantes y una atmósfera acogedora.

Él también se veía complacido con ella. Dijo: «En efecto, esta es una habitación agradable. Vengamos aquí frecuentemente. Está retirado y es tranquilo, y juntos podemos tener buenas pláticas y comunión».

Bueno, naturalmente, como un cristiano joven, yo estaba emocionado. No podía pensar en nada que preferiría hacer que tener unos cuantos minutos a solas con Cristo, en un compañerismo íntimo.

Él prometió: «Estaré aquí temprano cada mañana. Encuéntrame aquí, y comenzaremos el día juntos».

Así que, mañana tras mañana, yo bajaba a la sala de estar. Él tomaba un libro de la Biblia del estante, lo abría y lo leíamos juntos. Él me revelaba la maravilla de la verdad salvadora de Dios registrada en sus páginas, y hacía cantar a mi corazón mientras compartía todo lo que había hecho por mí y lo que sería para mí. Esos tiempos juntos fueron maravillosos. A través de la Biblia y de su Espíritu Santo, él me hablaba. Yo respondía en oración. Por lo que nuestra amistad se profundizó en estos tiempos a solas de conversación personal.

Sin embargo, bajo la presión de las muchas responsabilidades, poco a poco, este tiempo comenzó a acortarse. No estoy seguro por qué. De alguna manera, supuse que estaba demasiado ocupado como para dar tiempo especial y regular para estar con Cristo. Entienda que no fue una decisión deliberada; simplemente parecía que sucedía así. Con el tiempo, no solo se acortó el período, sino que comencé a faltar días de vez en cuando, como durante los exámenes de medio semestre o los finales. Los asuntos de urgencia que demandaban mi atención estaban constantemente desplazando los tiempos de conversación tranquila con Jesús. A menudo, lo pasaba por alto dos días seguidos o más.

Una mañana, recuerdo bajar las

escaleras corriendo, con prisa para salir a una cita importante.

Cuando pasé por la sala de estar, la puerta estaba abierta. Al mirar hacia dentro, vi fuego en la chimenea y a Jesús sentado allí. De repente, afligido, caí en cuenta: «Él es mi invitado. ¡Yo lo invité a mi corazón! Él ha venido como mi Salvador y Amigo a vivir conmigo. Aun así, aquí estoy yo abandonándolo».

Me detuve, giré y, con vacilación, entré. Con una mirada abatida, dije:

—Maestro, ¡lo siento! ¿Has estado aquí cada mañana?

—Sí —dijo él—. Te dije que estaría aquí para encontrarme contigo.

¡Me sentí aún más avergonzado! Él había sido fiel a pesar de mi infidelidad. Le pedí que me perdonara, y él lo hizo, como siempre lo hace cuando reconocemos nuestros fracasos y queremos hacer lo correcto.

Dijo:

—El problema es que has estado pensando en el tiempo a solas, el estudio bíblico y la oración como un medio de tu propio crecimiento espiritual. Es cierto, pero has olvidado que este tiempo también significa algo para mí. Recuerda, te amo. Te redimí con un precio muy alto. Valoro nuestra comunión. Que simplemente alces la mirada a mi rostro me anima el corazón. No descuides esta hora, aunque sea solo por mí. Ya sea que quieras estar conmigo o no, recuerda que yo quiero estar contigo. ¡En realidad te amo!

Sabe, el hecho de que Cristo quiere mi comunión, que me ama, que quiere que yo esté con él y que me espera ha hecho más para transformar mi tiempo a solas con Dios que cualquier otro hecho. No permita que Cristo espere solo en la sala de estar de su corazón, sino que cada día, busque un tiempo y un lugar en los que, con la Palabra de Dios y en oración, usted pueda estar junto con él.

El taller

No pasó mucho tiempo para que él preguntara: «¿Tienes un taller en tu casa?».

Afuera en el garaje de la casa de mi corazón tenía una mesa de trabajo y algunas herramientas, pero no hacía mucho con ellas. De vez en cuando, yo jugaba un poco haciendo unos pequeños aparatos, pero no producía nada sustancial.

Lo llevé allá afuera.

Él miró la mesa de trabajo y los pocos talentos y habilidades que yo tenía. Dijo:

—Esto está bastante bien equipado. ¿Qué estás produciendo con tu vida para el reino de Dios? —Miró uno o dos de los pequeños juguetes que había armado en la mesa y sostuvo uno en alto—. ¿Es esto la clase de cosas que haces por los demás en tu vida cristiana?

¡Me sentí de lo peor!

—Señor, eso es lo mejor que puedo hacer. Sé que no es mucho. Me avergüenza decir que con mi torpeza y mi habilidad limitada, no sé si jamás haré mucho más.

—¿Te gustaría hacer algo mejor? —preguntó.

—¡Sabes que sí! —respondí.

—Bueno, recuerda en primer lugar lo que te enseñé: "Separados de mí, no pueden hacer nada" (Juan 15:5).

»Ven a relajarte en mí y deja que mi Espíritu obre a través de ti. Sé que no tienes habilidades, que eres torpe y te sientes incómodo, pero el Espíritu es el obrero experto. Si él controla tu corazón y tus manos, él obrará a través de ti. Ahora, gira. —Entonces puso sus grandes brazos fuertes alrededor de mí, y con sus manos debajo de las mías, levantó las herramientas y comenzó a trabajar a través de mí—. Relájate. Todavía estás demasiado tenso. Suelta; ¡déjame hacer el trabajo!

Me sorprende lo que sus manos hábiles pueden hacer a través de las mías si solamente confío en él y dejo que él haga lo que quiera. Estoy muy lejos de estar satisfecho con el producto que se está produciendo. A veces, todavía me interpongo en su camino. Hay mucho que todavía tengo que aprender. Pero sé que cualquier cosa que ha sido producida para Dios ha sido a través de él y a través del poder de su Espíritu en mí.

No se desanime porque no puede hacer mucho para Dios. Lo que importa no es nuestra habilidad, sino nuestra disponibilidad. Dé lo que usted es a Cristo. Sea sensible y receptivo a lo que él quiere hacer. Confíe en él. ¡Él lo sorprenderá con lo que puede hacer a través de usted!

El salón de juegos

Recuerdo cuando me preguntó por el salón de juegos, a donde yo iba a divertirme y a tener compañerismo. Esperaba que no me preguntara acerca de eso. Allí había ciertas asociaciones y actividades que quería guardar para mí mismo. No pensé que a Jesús le gustarían o las aprobaría. Evadí la pregunta.

Sin embargo, una noche, cuando iba a salir de parranda con algunos compadres, él estaba en la puerta y me detuvo con una mirada.

—¿Vas a salir?

—Sí —respondí.

—Bien —dijo él—. Me gustaría ir contigo.

—Oh —respondí más bien incómodamente—. Señor, no creo que en realidad te gustaría el lugar al que vamos. Salgamos juntos mañana. Mañana en la noche, podemos hacer una clase bíblica o un evento social en la iglesia, pero hoy tengo otro compromiso.

—Como quieras —fue su comentario—. Solo es que, cuando entré a tu casa, pensé que íbamos a hacerlo todo juntos, ¡que seríamos compañeros íntimos! Solo quiero que sepas que estoy dispuesto a ir contigo.

—Bueno —dije—, ¡mañana iremos juntos a algún lugar!

Esa noche, pasé unas horas desdichadas. ¡Me sentía despreciable! ¿Qué clase de amigo era yo para Jesús? ¿Dejándolo fuera de parte de mi vida deliberadamente, haciendo cosas y yendo a lugares que sabía muy bien que él no disfrutaría? Cuando regresé esa noche, había una luz en su habitación, y subí a hablarlo con él. Reconocí:

—Señor, he aprendido la lección. Sé que no puedo disfrutar un buen tiempo si tú no estás conmigo. ¡De ahora en adelante, haremos todo juntos!

Entonces bajamos juntos al salón de juegos de la casa. Él lo transformó. Trajo amistades nuevas, emociones nuevas y alegrías nuevas. La risa y la música han estado sonando en la casa desde entonces. Con un brillo en los ojos, dijo:

—Pensaste que conmigo aquí no tendrías mucha diversión, ¿verdad? Recuerda, yo he venido "para que se llenen de mi gozo; así es, desbordarán de gozo" (Juan 15:11).

El dormitorio

Un día, cuando estábamos en mi dormitorio, él me preguntó por el cuadro que estaba al lado de mi cama.

—Es la foto de mi novia —le dije. Aunque sabía que mi relación con mi novia era buena, me sentía raro hablando de eso con él. Ella y yo estábamos batallando con algunos asuntos, y no quería discutirlos con él. Traté de cambiar el tema.

Pero Jesús tiene que haber sabido lo que yo pensaba.

—Estás comenzando a cuestionar mis enseñanzas sobre el sexo, ¿verdad? ¿De que las relaciones sexuales son solo para los que están unidos con el pacto del matrimonio? Sientes que posiblemente yo te estoy pidiendo algo antinatural si no imposible para ti. Tienes miedo de que mi voluntad en cuanto a esto limite el pleno goce de la vida y el amor. ¿No es cierto?

—Sí —confesé.

—Entonces, escucha cuidadosamente lo que digo —continuó—. Yo prohíbo el adulterio y el sexo prematrimonial, no porque el sexo sea malo, sino porque es bueno. Más allá del éxtasis físico, es un medio de vincular dos vidas en un amor cada vez más profundo. Tiene el poder creativo de dar vida a un ser humano. El sexo es poderoso. Si se usa apropiadamente, el sexo tiene un tremendo potencial para el bien. Si se usa inapropiadamente, destruye lo bueno. Por esta razón, Dios quiere que se exprese solamente dentro del compromiso de una unión amorosa de por vida. Hay mucho más en el amor que solamente el sexo.

»Permíteme ayudarte en tu relación con el sexo opuesto. Si fracasas y sientes vergüenza y culpa, ten en mente que todavía te amo y que permaneceré contigo. ¡Háblame de eso! ¡Reconoce el mal! ¡Toma pasos para evitar que vuelva a ocurrir! Depende de mi fortaleza para evitar que caigas y para que te guíe a una relación de amor en el matrimonio, donde dos verdaderamente llegan a ser uno en mí.

El clóset del pasillo

Hay un asunto más de importancia crucial que me gustaría compartir con usted. Un día, lo encontré esperándome en la puerta principal de la casa. Tenía en sus ojos una mirada que me llamó la atención.

—Hay un olor raro en la casa. Algo debe estar muerto por aquí. Es arriba. Creo que es del clóset del pasillo.

Tan pronto como lo dijo, supe de qué hablaba. En efecto, había un pequeño clóset arriba, en el descanso del pasillo, de solo como un metro cuadrado. En ese clóset bajo llave, yo tenía una o dos cosas personales de las que no quería que nadie se enterara. Definitivamente no quería que Cristo las viera. Eran cosas muertas y podridas que quedaban de la vida vieja, no malvadas, pero no buenas ni correctas para tener en una vida cristiana. Pero yo las quería. Las quería tanto para mí mismo que en realidad tenía miedo de admitir que estaban allí. A regañadientes, subí las escaleras con él. Mientras ascendíamos, el olor era cada vez más fuerte. Él señaló la puerta y dijo:

—¡Allí está! ¡Algo muerto!

¡Me hizo enojar! Esa es la única manera en la que puedo decirlo. Le había dado acceso al estudio, al comedor, a la sala de estar, al taller, al salón de juegos y al dormitorio, y ahora él me preguntaba por un clóset de un metro cuadrado.

«¡Esto es demasiado! —dije dentro de mí—. No voy a darle la llave».

—Bueno —respondió él, al leer mis pensamientos—. Si crees que voy a quedarme aquí arriba en el segundo piso con este olor, estás equivocado. Sacaré mi cama al porche de atrás o a alguna otra parte. Definitivamente no voy a estar cerca de eso.

Y lo vi comenzar a bajar las escaleras.

Cuando uno ha llegado a conocer y a amar a Jesucristo, una de las peores cosas que pueden ocurrir es percibir que retira su rostro y su comunión. Tuve que rendirme.

—Te daré la llave —dije con tristeza—, pero tú tendrás que abrir el clóset y limpiarlo. Yo no tengo las fuerzas para hacerlo.

—Lo sé —dijo él—. Sé que no las tienes. Solo dame la llave. Solo autorízame para que me encargue de ese clóset, y lo haré.

Así que, con los dedos temblorosos, le pasé la llave. Él la tomó de mi mano, caminó hacia la puerta, la abrió, entró, sacó las cosas podridas que se descomponían allí y lo tiró todo. Luego limpió el clóset, lo pintó y lo arregló todo en un momento. Inmediatamente, una brisa fresca y fragante se propagó en la casa. Toda la atmósfera cambió. ¡Qué alivio y victoria tener esas cosas muertas fuera de mi vida! No importa qué pecado o qué dolor pueda haber en mi pasado, Jesús está listo para perdonar, para sanar y para dar plenitud.

La transferencia del título

Entonces me vino un pensamiento. Me dije: «He estado tratando de mantener este corazón mío limpio y disponible para Cristo, pero es difícil.

Comienzo con una habitación y apenas acabo de limpiarla cuando descubro que otra habitación está sucia. Comienzo con la segunda habitación, y la primera ya tiene polvo otra vez. Me estoy cansando de tratar de mantener un corazón limpio y una vida obediente. ¡Simplemente no estoy a la altura de hacerlo!».

—Señor —pregunté de repente—, ¿existe alguna posibilidad de que estuvieras dispuesto a encargarte de toda la casa y administrarla por mí, igual como lo hiciste con el clóset? ¿Podría darte la responsabilidad de mantener mi corazón como debe ser y mantenerme a mí haciendo lo que debo hacer?

Pude ver que su rostro se iluminó cuando respondió:

—¡Me encantaría! Eso es exactamente lo que vine a hacer. No puedes vivir la vida cristiana con tus propias fuerzas. Es imposible. Permíteme hacerlo por ti y a través de ti. ¡Esa es la única forma en que verdaderamente funcionará! Pero —agregó lentamente— yo no soy el dueño de esta casa. Recuerda, estoy aquí como invitado tuyo. No tengo autoridad para hacerme cargo ya que la propiedad no es mía.

En un destello, todo se esclareció. Emocionadamente, exclamé:

—Señor, has sido mi invitado, y yo he estado tratando de actuar como el anfitrión. De ahora en adelante, tú vas a ser el dueño y señor de la casa. ¡Yo voy a ser el siervo!

Tan pronto como pude, corrí a la caja fuerte, saqué el título de propiedad de la casa que describía sus activos y sus pasivos, su condición, ubicación y estado. Luego corrí de regreso hacia él y con entusiasmo lo firmé para entregarle el título solo a él por toda la eternidad. Caí de rodillas y se lo entregué.

—Aquí está, todo lo que soy y tengo para siempre. Ahora tú eres el que administra la casa. Solo permíteme permanecer contigo como un criado y amigo.

Él tomó mi vida ese día, y puedo darle a usted mi palabra: no hay mejor forma de vivir la vida cristiana. Él sabe cómo mantenerla y usarla. Una paz profunda se estableció en mi alma y ha permanecido allí. ¡Soy suyo, y él es mío para siempre!

Que Cristo se establezca y esté en casa como Señor de su corazón también[4].

DISCUTA *MI CORAZÓN, EL HOGAR DE CRISTO*

Definitivamente, reconocer a Jesucristo como Señor es un paso importante de compromiso y rendición que cada cristiano enfrentará en algún momento. Dos versículos que implican esto son:

> Elige hoy mismo a quién servirás.
>
> —Josué 24:15

> Amados hermanos, les ruego que entreguen su cuerpo a Dios por todo lo que él ha hecho a favor de ustedes. Que sea un sacrificio vivo y santo, la clase de sacrificio que a él le agrada. Esa es la verdadera forma de adorarlo.
>
> —Romanos 12:1

También es cierto que Cristo, en la medida que se lo permitamos, cada vez más se encargará de nuestra vida y gradualmente llegará a controlarla completamente. Este es el tema de *Mi corazón, el hogar de Cristo.* Los siguientes versículos hacen énfasis en ese concepto:

> No quiero decir que ya haya logrado estas cosas ni que ya haya alcanzado la perfección; pero sigo adelante a fin de hacer mía esa perfección para la cual Jesús primeramente me hizo suyo.
>
> —Filipenses 3:12

> Así que, todos nosotros [...] podemos ver y reflejar la gloria del Señor. El Señor, quien es el Espíritu, nos hace más y más parecidos a él a medida que somos transformados a su gloriosa imagen.
>
> —2 Corintios 3:18

> ¡Esforcémonos por conocer al Señor!
> El Señor vendrá a nosotros,
> tan cierto como que sale el sol,
> tan cierto como que la lluvia riega la tierra
> en otoño y primavera.
>
> —Oseas 6:3 (DHH)

Bajo los siguientes ocho títulos, por favor anote palabras y frases que resumen el contenido de cada uno de los ocho temas de *Mi corazón, el hogar de Cristo.*

EL ESTUDIO

EL COMEDOR

LA SALA DE ESTAR

EL TALLER

EL SALÓN DE JUEGOS

EL DORMITORIO

EL CLÓSET DEL PASILLO

LA TRANSFERENCIA DEL TÍTULO

TAREA PARA LA SESIÓN 10

1. *Memorización de las Escrituras:* Aparte un poco de tiempo adicional de repaso para pulir todos los versículos que se sepa.
2. *Tiempo a solas:* Siga leyendo, marcando, respondiendo, anotando y orando por la gente de sus listados de oración por la evangelización.
3. *Mi historia:* Si no ha contado su «Mi historia» al grupo, venga preparado para compartirla usando un bosquejo en una ficha.
4. *Otras:*
   a. Lea y marque «Sugerencias para su tiempo extenso con Dios» (páginas 97-109). Por favor, deje en blanco «Puntos sobresalientes y aplicaciones» (página 106).
   b. Identifique qué cosas le pueden firmar en *Mi registro de tareas completadas.*

SESIÓN 10

BOSQUEJO DE ESTA SESIÓN

1. Inicie la sesión con oración.
2. Divídanse en grupos de repaso de versículos y cite todos los versículos que se haya aprendido en el libro 2.
3. Comparta algunos pensamientos de su tiempo a solas, principalmente de *Los puntos sobresalientes de mi lectura.*
4. Cuente su «Mi historia» usando un bosquejo en una ficha.
5. Brevemente, ¿qué resultados ha tenido al usar sus hojas de oración?
6. Confirme la hora y el lugar para la sesión 11, su tiempo extenso con Dios.
7. Discuta «Sugerencias para su tiempo extenso con Dios» (páginas 97-109), que incluye:
   a. *Cómo pasar un día en oración* (páginas 98-105).
   b. «Formas de permanecer despierto y alerta» (página 107).
   c. «Cómo hacer un listado de preocupaciones» (página 107).
   d. «Lista de comprobación para su tiempo extenso con Dios» (página 108).
   e. «Muestra de cómo tomar notas durante su tiempo extenso con Dios» (página 109).
8. Lea la «Tarea para la sesión 11» (página 110).
9. Termine la sesión con oración. Enfóquese en la gente de su listado de oración por la evangelización y en cualquier actividad futura con amistades.

SUGERENCIAS PARA SU TIEMPO EXTENSO CON DIOS

Durante la sesión 11, todos los de su grupo tienen la oportunidad de pasar un período de tiempo a solas con Dios. El grupo está junto por un tiempo breve al inicio y al final de su tiempo extenso individual con Dios.

Ni siquiera medio día se programa para su tiempo con Dios, pero a medida que lee y marca *Cómo pasar un día en oración*, encontrará opciones e ideas que puede aplicar a su tiempo extenso con Dios en la sesión 11. Otras sugerencias prácticas se discuten también en esta sesión.

CÓMO PASAR UN DÍA EN ORACIÓN

Lorne C. Sanny

> Benefíciese del privilegio más grande a este lado del cielo. Jesucristo murió para hacer posible esta comunión y comunicación con el Padre.
>
> —Billy Graham

> La oración es algo poderoso, porque Dios se ha obligado y se ha atado a ella.
>
> —Martín Lutero

> Conocer a Dios no se logra apresuradamente. Él no imparte sus dones al que llega y se va a la ligera y precipitadamente. Estar mucho tiempo a solas con Dios es el secreto para conocerlo y tener influencia ante él.
>
> —E. M. Bounds

«Nunca pensé que un día pudiera marcar semejante diferencia —me dijo un amigo—. Mi relación con todos parece haber mejorado».

«¿Por qué no lo hago más frecuentemente?».

Comentarios como esos llegan de los que apartan un día personal de oración.

Con tantas actividades, todas importantes, que claman por nuestro tiempo, la verdadera oración se considera más un lujo que una necesidad. ¡Cuánto más pasar un *día* en oración!

La Biblia nos da tres guías de tiempo para la oración personal. Está el mandamiento de «nunca dejen de orar»: el espíritu de la oración, de mantenerse en tal sintonía con Dios que podamos elevar nuestros corazones en petición o en alabanza a cualquier hora del día.

También está la práctica de un tiempo a solas o una vigilia de la mañana, como se ve en la vida de David (Salmo 5:3), de Daniel (Daniel 6:10) y del Señor Jesús (Marcos 1:35). Este tiempo diario específicamente dedicado a la meditación en la Palabra de Dios y a la oración es indispensable para el cristiano creciente y saludable.

Luego están los ejemplos de las Escrituras del tiempo extenso que se le dedica solo a la oración. Jesús pasó noches enteras orando. Nehemías oró «varios días» al enterarse de la condición de Jerusalén. Tres veces, Moisés pasó cuarenta días y cuarenta noches solo con Dios.

Aprender de Dios

Creo que fue en estos tiempos especiales de oración que Dios le dio a conocer a Moisés sus caminos y sus planes (Salmo 103:7). Le permitió a Moisés ver por una grieta en la cerca y adquirir una perspectiva especial, en tanto que los israelitas comunes y corrientes solo vieron los *hechos* de Dios a medida que se desarrollaban día tras día.

Una vez le comenté a Dawson Trotman, fundador de Los Navegantes:

—Me impresionas como alguien que se siente un hombre de destino, alguien destinado a ser usado por Dios.

—No creo que ese sea el caso —respondió—, pero esto es lo que sé. Dios me *ha* dado algunas promesas que sé que cumplirá.

En años anteriores, Dawson pasó incontables tiempos prolongados a solas con Dios, y de esos tiempos surgió la obra de Los Navegantes: no a través de métodos o principios, sino por las promesas que se le dieron de la Palabra.

En mi propia vida, uno de los factores más refrescantes y estabilizadores, así como el medio para una nueva orientación o confirmación de la voluntad de Dios, ha sido esos tiempos extensos de oración, en el parque del vecindario de Seattle, o en una colina detrás del hogar de Los Navegantes en el Sur de California, o en el Jardín de los Dioses aquí en Colorado Springs.

Esos tiempos especiales de oración pueden llegar a ser puntos de anclaje en su vida, tiempos en los que «introduce una estaca» como hito, y parte desde allí. Su tiempo a solas diario será más efectivo cuando siga orando, en medio de la realidad cotidiana, por lo que el Señor le haya hablado a su corazón en los tiempos prolongados de oración. El tiempo a solas, a cambio, es la base del «nunca dejen de orar» al pasar el día en comunión con Dios.

Tal vez no haya pasado un tiempo prolongado en oración porque no ha reconocido la necesidad de hacerlo. O tal vez no está seguro de lo que haría con todo un día *solo para orar.*

¿Por qué un día de oración?

¿Por qué apartar este tiempo de una vida activa? ¿Para qué sirve?

1. *Para una comunión extensa con Dios*: más allá de su tiempo devocional de la mañana. Significa simplemente estar con Dios y pensar en él.

Dios nos ha llamado a una comunión con su Hijo, Jesucristo (1 Corintios 1:9). Al igual que muchas relaciones personales, esta comunión se nutre al pasar tiempo juntos. Dios toma nota especial de los tiempos en los que su pueblo lo reverencia y *piensa en el honor de su nombre* (Malaquías 3:16).

2. *Para una perspectiva renovada.* Al igual que volar sobre el campo de batalla en un avión de reconocimiento, un día de oración da la oportunidad de pensar en el mundo desde la perspectiva de Dios. Especialmente cuando pasamos por alguna dificultad, necesitamos esta perspectiva para afinar nuestra visión de lo que no se ve y permitir que las cosas inmediatas y tangibles tomen su lugar apropiado. Nuestras defensas espirituales se fortalecen cuando «fijamos nuestra vista en cosas que no pueden verse. Pues [...] las cosas

que no podemos ver permanecerán para siempre» (2 Corintios 4:18).

3. *Para ponerse al día en la intercesión.* Hay amigos y parientes no cristianos a quienes llevar en oración al Señor, misioneros en diversos campos, nuestros pastores, vecinos y compañeros cristianos, líderes de nuestro gobierno, para nombrar unos cuantos. Que la oración influye en la gente y cambia acontecimientos es muy conocido entre cristianos, pero se practica demasiado poco. A medida que los tiempos llegan a ser más severos alrededor nuestro, tenemos que reconsiderar el valor de la oración personal, tanto para lograr como para disuadir.

4. *Para considerar en oración nuestra propia vida ante el Señor*: el inventario personal y la evaluación. Querrá tomar un día de oración especialmente cuando enfrente decisiones importantes, así como regularmente. Durante tal día, puede evaluar dónde se encuentra con relación a sus metas y obtener la guía del Señor a través de su Palabra. Las promesas están allí para usted y para mí, así como lo han estado para Hudson Taylor, George Mueller o Dawson Trotman. En nuestro tiempo a solas con Dios es que Dios nos afirma en nuestro interior sus promesas para nosotros.

5. *Para una preparación adecuada.* Nehemías, después de pasar «algunos días» buscando al Señor en oración, fue llamado a la presencia del rey. «Me dijo el rey: ¿Qué cosa pides? Entonces oré al Dios de los cielos, y dije al rey: Si le place al rey...», y esbozó su plan (Nehemías 2:4-5, RVR60). Entonces Nehemías dice: «Me escabullí durante la noche, llevando conmigo a unos cuantos hombres. No le había dicho a nadie acerca de los planes que Dios había puesto en mi corazón para Jerusalén» (2:12). ¿Cuándo puso Dios en el corazón de Nehemías este plan? Creo que fue cuando ayunó, oró y esperó a Dios. Luego, cuando llegó el día para la acción, él estaba listo.

Oí a un chico preguntarle a un piloto si se requería de rapidez de pensamientos para aterrizar su avión cuando pasaba algo malo. El piloto respondió que no, él sabía todo el tiempo dónde bajaría el avión *si* algo salía mal. Había pensado en eso con anticipación.

Así debería ser en nuestra vida cristiana. Si Dios nos ha dado planes y propósitos en esos tiempos a solas, estaremos listos para aprovechar la oportunidad cuando esta se presente. No tendremos que decir: «No estoy preparado». La razón por la que muchos cristianos están muertos a las oportunidades no es porque no estén alertas mentalmente, sino porque simplemente no están preparados de corazón. La preparación se hace cuando nos apartamos a solas con Dios.

Ore con base en la Palabra de Dios

Daniel dijo: «Durante el primer año de su reinado [de Darío], yo, Daniel, al estudiar la palabra del SEÑOR, según fue revelada al profeta Jeremías, aprendí que Jerusalén debía quedar en desolación durante setenta años. Así que dirigí mis ruegos al Señor Dios, en oración y ayuno. También me puse ropa de tela áspera y arrojé cenizas sobre mi cabeza. Oré al SEÑOR mi Dios y le confesé» (Daniel 9:2-4).

Él entendió, por las Escrituras, lo que iba a ocurrir. Y como resultado de su exposición a la Palabra de Dios, oró. Se ha dicho que Dios propone, entonces promete. Y podemos agregar: «Por lo tanto, oro según las promesas, para que los propósitos de Dios puedan hacerse una realidad». Dios se propuso hacer algo, y lo prometió; por lo tanto, Daniel oró. Esa fue la parte de Daniel para completar el circuito, como un circuito eléctrico, para que la energía pudiera fluir.

Su día a solas con el Señor no se trata de sentarse sobre una roca como la estatua de *El Pensador* y llevar cualquier pensamiento que le venga a la mente. Eso no es seguro. Debe ser un día expuesto a la Palabra de Dios, y luego su Palabra lo guía en oración. Terminará el día peor de cómo lo comenzó si todo lo que hace es dedicarse a la introspección, a pensar en usted mismo y en sus propios problemas. De todas formas, lo que cuenta no es su evaluación de usted mismo. Es la evaluación de Dios. Y él le revelará su evaluación de usted por medio del Espíritu Santo, a través de su Palabra, la Biblia abierta. Y entonces la Palabra lleva a la oración.

Cómo hacerlo

¿Cómo lo hace? Al haber apartado un día o parte de un día para la oración, haga un almuerzo para llevar consigo y salga. Busque un lugar donde pueda estar solo, lejos de distracciones. Puede ser un área boscosa cerca de su casa o su patio trasero. Un lugar al aire libre es excelente si puede encontrar uno, pero no se distraiga con los estudios de la naturaleza, desperdiciando así su tiempo. Si se da cuenta de que observa las ardillas o las hormigas, dirija su observación a leer el Salmo 104 y a meditar en el poder de Dios en la creación.

Llévese una Biblia, un cuaderno y un lápiz, un himnario y tal vez un libro devocional. A mí me gusta tener conmigo el folleto *El poder a través de la oración* por E. M. Bounds y leer un capítulo o dos como un desafío al valor estratégico de la oración. O, a veces, llevo *Palabras para el ganador de almas* de Horatius Bonar, o alguna biografía misionera como *Behind the Ranges* (Detrás de las cordilleras), que registra las victorias de oración de J. O. Fraser en la China continental.

Aunque tenga todo el día, querrá usarlo provechosamente. Así que, no pierda tiempo en comenzar, y comience con propósito determinado.

Espere al Señor

Divida el día en tres partes: esperar al Señor, oración por otros y oración por usted mismo.

A medida que *espera al Señor*, no se apresure. No captará lo esencial si busca una experiencia mística o extática. Solo busque al Señor y espere en él. Isaías 40:31 (LBLA) promete que los que esperan en el Señor renovarán sus fuerzas. El Salmo 27:14 es uno de docenas de versículos que mencionan esperarlo, al igual que el Salmo 62:5: «Que todo mi ser espere en silencio delante de Dios, porque en él está mi esperanza».

Espérelo primero para *darse cuenta de su presencia*. Lea completamente un pasaje como el Salmo 139, y entienda la verdad de su presencia con usted a medida que lee cada versículo. Medite en la imposibilidad de estar en cualquier lado del universo donde él no esté. Frecuentemente, somos como Jacob cuando dijo: «¡Ciertamente el SEÑOR está en este lugar, y yo ni me di cuenta!» (Génesis 28:16).

Espérelo también para *la limpieza*. Los dos últimos versículos del Salmo 139 lo llevan a usted a esto. Pídale a Dios que examine su corazón como lo sugieren estos versículos. Cuando examinamos nuestro propio corazón, eso puede llevar a imaginaciones, a una introspección morbosa o a cualquier cosa que el enemigo pueda querer lanzarnos. Pero cuando el Espíritu Santo examina, él llamará su atención a lo que hay que confesar y limpiar. Salmos 32 y 51, los cantos de confesión de David, le ayudarán. Párese sobre la tierra firme de 1 Juan 1:9 y reclame la fidelidad de Dios para perdonar cualquier cosa específica que usted confiese.

Si se da cuenta de que ha pecado en contra de un hermano, tome nota de ello para que no olvide arreglarlo. De otro modo, el resto del día se estropeará. Dios no le hablará si hay algo entre usted y alguien más que no ha planificado arreglar a la mayor brevedad posible.

Mientras espera a Dios, pida poder para concentrarse. Deje de soñar despierto.

Luego, espere a Dios para *alabarlo*. Salmos 103, 111 y 145 son porciones maravillosas para seguirlas a medida que alaba al Señor por la grandeza de su poder. La mayoría de los salmos son oraciones. O busque Apocalipsis, los capítulos 4 y 5, y úselos en su alabanza a él. No hay mejor forma de orar según las Escrituras que orar con las Escrituras.

Si trajo un himnario, puede cantarle al Señor. Se han escrito algunos himnos maravillosos, que han puesto en palabras lo que apenas podemos expresar por nuestra cuenta. Tal vez usted no canta muy bien, entonces asegúrese de que no esté al alcance del oído de alguien más y «¡Aclame con alegría al SEÑOR!». *Él* lo apreciará.

Esto lo llevará de forma natural a la acción de gracias. Reflexione en las cosas maravillosas que Dios ha hecho por usted y agradézcaselas, por su propia salvación y bendiciones espirituales, por su familia, sus amigos y las oportunidades. Vaya más allá de lo que le agradece a Dios a diario, y tome tiempo para expresarle su aprecio por las innumerables cosas que él le ha dado.

La oración por otros

Ahora es tiempo para la oración sin prisa y más detallada por los demás, a los cuales normalmente usted no llega. Recuerde a más personas que aquellas por las que regularmente usted ora. Trace su recorrido alrededor del mundo al orar por las personas por países.

He aquí tres sugerencias por lo que puede orar:

Primero, pida cosas específicas para ellos. Tal vez recuerda o ha anotado diversas necesidades que la gente ha mencionado. Use peticiones de las cartas de oración de los misioneros. Ore por fortaleza espiritual, valor, energía física, un estado de alerta mental, etcétera. Imagínese en las situaciones en las que esta gente está y ore de acuerdo a eso.

Segundo, busque algunas de las oraciones de las Escrituras. Ore por lo que Pablo oró por los demás en el primer capítulo de Filipenses y de Colosenses, y en los capítulos 1 y 3 de Efesios. Esto le ayudará a avanzar en su oración del nivel de: «Señor, bendice a este y a aquel y ayúdalos a hacer esto y aquello».

Tercero, pida para otros lo que pide para usted mismo. Desee para ellos lo que el Señor le ha mostrado *a usted*.

Si ora algún versículo o promesa de las Escrituras para alguna persona, quizás querrá poner la cita a la par del nombre de esa persona en su listado de oración. Use este versículo mientras ora por esa persona la próxima vez. Luego úselo para acción de gracias cuando vea la respuesta del Señor.

Oración por usted mismo

La tercera parte de su día será la oración por usted mismo. Si enfrenta una decisión importante, es posible que quiera poner esto antes que la oración por otros.

Nuevamente, permita que sus oraciones sean ordenadas por las Escrituras, y pídale al Señor entendimiento según el Salmo 119:18. Medite en los versículos de las Escrituras que ha memorizado o en las promesas que ha reclamado de la Palabra anteriormente. Leer todo un libro de la Biblia, quizás en voz alta, es una buena idea. Considere cómo se podría aplicar a su vida.

En la oración por usted mismo, 1 Crónicas 4:10 es un buen ejemplo a seguir. Jabes oró: «¡Ay, si tú me bendijeras y extendieras mi territorio! ¡Te ruego que estés conmigo en todo lo que haga, y líbrame de toda dificultad que me cause dolor!». Esa es la oración por su vida personal, por su crecimiento, por la presencia de Dios y por la protección de Dios. Jabes oró en la voluntad de Dios, y Dios le concedió su petición.

«Señor, ¿qué piensas *tú* de mi vida?» es la actitud de esta porción de su día de oración. Considere sus objetivos principales a la luz de lo que sabe que es la voluntad de Dios para usted. Jesús dijo: «Mi alimento consiste en hacer la voluntad de Dios, quien me envió, y en terminar su obra» (Juan 4:34). ¿Quiere hacer la voluntad de Dios más que cualquier otra cosa? ¿Es eso en realidad su mayor deseo?

Luego considere sus actividades, lo que *hace*, en el contexto de sus objetivos. Dios puede hablarle acerca de reorganizar su horario, de cancelar ciertas actividades que son buenas pero no lo mejor, o de algunas cosas que son enredos o impedimentos para el progreso. Arránquelos. Es posible que quede convencido en cuanto a cómo pasa sus noches o los sábados, cuando podría usar el tiempo para su beneficio y todavía obtener la recreación que necesita.

Mientras ora, registre sus pensamientos acerca de sus actividades y uso del tiempo, y planifique para una mejor organización de su horario. Tal vez le llegará a la mente la necesidad de una mejor preparación para su clase de escuela dominical o una visita personal a un amigo o un conocido. O el Señor podría recalcarle que haga algo especial por alguien. Anótelo.

Durante esta parte de su día, saque a la luz cualquier problema o decisión que tenga enfrente y busque la opinión de Dios en cuanto a eso. Es útil enumerar los factores que están involucrados en estas decisiones o problemas. Ore por estos factores y busque guía en las Escrituras. Es posible que se le guíe hacia una promesa o una dirección de los pasajes con los que ya haya llenado su mente durante el día.

Después de la oración, es posible que llegue a algunas conclusiones definitivas sobre las que puede fundamentar convicciones firmes. Su meta de un día de oración debería ser salir con algunas conclusiones y una dirección específica: unos hitos clavados. Sin embargo, no se desanime si ese no es el caso. Quizás no sea el tiempo de Dios para una respuesta conclusiva a su problema. Posiblemente descubrirá que su verdadera necesidad no era saber el siguiente paso, sino tener una nueva revelación del mismo Dios.

Al buscar promesas que reclamar, no es necesario hojear en busca de algunas nuevas o sorprendentes. Solo comience con las promesas que ya conoce. Si ha pasado por el Sistema de Memorización por Temas, comience meditando en los versículos de la sección «Dependa de los recursos de Dios». Reflexione en algunas promesas antiguas y familiares que el Señor le haya dado antes, las que recuerde mientras piensa en retrospectiva. Ore para aplicar estos versículos a su vida.

Yo he visto algunas de las bendiciones más grandiosas al darme cuenta de las promesas que ya conocía. Y las promesas familiares lo pueden dirigir hacia otras. La Biblia está llena de ellas.

Posiblemente querrá marcar o subrayar en su Biblia las promesas que el Señor le dé durante estos tiempos prolongados a solas. Ponga la fecha y una palabra o dos en el margen al lado.

La variedad es importante durante su día de oración. Lea un rato, ore un rato, luego camine por los alrededores. Un amigo mío camina de un lado a otro en su habitación durante su tiempo de oración. En lugar de acalambrarse en una posición, dé una caminata y estírese; agregue un poco de variedad.

A medida que las cosas externas surjan en su mente, simplemente incorpórelas a la oración. Si es algún asunto de negocios que no debe olvidar, anótelo. ¿Se ha dado cuenta de cuántas cosas llegan a la mente cuando está sentado en la iglesia? Será natural que durante su día de oración se le ocurran cosas que tenía que haber hecho, así que anótelas, ore por ellas y planifique cómo encargarse de ellas y cuándo. No las haga a un lado simplemente; de lo contrario, lo acosarán el resto del día.

Al final del día, resuma en su cuaderno algunas cosas de las que Dios le haya hablado. Será de beneficio consultarlas posteriormente.

Dos preguntas

El resultado de su día de oración debería de ser respuestas a las dos preguntas que Pablo le hizo al Señor en el camino a Damasco (Hechos 22:6-10). La primera pregunta de Pablo fue: «¿Quién eres, señor?». El Señor respondió: «Yo soy Jesús». Usted buscará conocerlo, averiguar quién es. La segunda pregunta que Pablo hizo fue: «¿Qué debo hacer, Señor?». El Señor le respondió específicamente. Debería recibir la respuesta o la confirmación en esa parte del día en la que usted busca sin apuros la voluntad de Dios para usted.

No piense que debe terminar el día con algún descubrimiento nuevo o experiencia extraordinaria. Espere a Dios y expóngase a su Palabra. Buscar alguna experiencia o perspectiva nueva que pueda compartir con alguien cuando regrese lo desviará del camino. Es cierto, podría obtener algún conocimiento nuevo, pero frecuentemente, eso solo distrae su atención del verdadero tema. La prueba de tal día no es cuán alegres estamos cuando el día termina, sino cómo se introduce en la vida mañana. Si en realidad nos hemos expuesto a la Palabra y hemos estado en contacto con Dios, eso afectará nuestra vida diaria.

Los días de oración no ocurren así como así. Además de los intentos de nuestro enemigo Satanás de evitar que oremos, el mundo que nos rodea tiene mucho que ofrecer para llenar nuestro tiempo. Por lo que debemos *hacer* el tiempo. Planifique con anticipación: el primer día de cada dos meses, o una vez cada trimestre.

Que Dios lo bendiga al hacer esto, ¡y hágalo pronto! Probablemente usted también se preguntará: «¿Por qué no más a menudo?»[5].

Amo al Señor porque escucha mi voz
y mi oración que pide misericordia.
Debido a que él se inclina para escuchar,
¡oraré mientras tenga aliento! [...]
Te ofreceré un sacrificio de agradecimiento
e invocaré el nombre del Señor.

—Salmo 116:1-2, 17

Cómo pasar un día en oración sugiere un tiempo extenso con Dios de tres partes. Usted puede decidir usar todo o parte del bosquejo.

1. Espere al Señor:
   a. para darse cuenta de su presencia.
   b. para que él lo limpie.
   c. para adorarlo.
2. Ore por otros:
   a. pida cosas específicas para ellos.
   b. use las oraciones de Pablo por otros.
   c. pida por otros lo que pide para usted mismo en oración.
3. Ore por usted mismo:
   a. guía y sabiduría
   b. piedad
   c. preocupaciones y necesidades

PUNTOS SOBRESALIENTES Y APLICACIONES

(SUS NOTAS MIENTRAS USTED Y SU GRUPO DISCUTEN *CÓMO PASAR UN DÍA EN ORACIÓN*)

FORMAS DE MANTENERSE DESPIERTO Y ALERTA

1. Obtenga el descanso apropiado las dos noches previas a su tiempo extenso con Dios.
2. Cambie de posturas (siéntese un rato, camine alrededor del lugar, etcétera).
3. Tenga variedad en lo que hace (lea las Escrituras un rato, ore, planifique u organice, etcétera).
4. Ore en voz alta, en un susurro o con un tono apagado. A veces, pensar en voz alta también ayuda.

CÓMO HACER UN LISTADO DE PREOCUPACIONES

Los problemas y las inquietudes frecuentemente pasan por nuestra mente. Preparar un listado de preocupaciones puede reducir esos pensamientos recurrentes y desplazarnos hacia las soluciones de esos problemas. Posiblemente querrá probar las siguientes sugerencias para preparar su propio listado de preocupaciones:

1. Piense un poco en los conflictos, los problemas, las preocupaciones o las frustraciones actuales. Haga una lista de todo lo que le preocupa. Enumere cada uno de los puntos. No importa cuán pequeño sea un problema, si es una preocupación para usted, anótelo en el listado. Pídale a Dios que le revele cualquier cosa que le preocupe.
2. Cada preocupación que tenga en el mundo debe estar en ese listado. Nada más le preocupa; ¡todo está allí! Cuando esté satisfecho con que todas sus preocupaciones están en el listado, pase al tercer paso.
3. Lea el listado, punto por punto. En cada punto, concluirá o que no puede hacer nada en cuanto a eso porque ya pasó o que está fuera de su control, o que puede hacer algo para resolver el asunto. Si no hay nada que pueda hacer por cierto punto, pase algún tiempo en oración por eso. Si siente que puede actuar en cuanto a un asunto en particular, ore por eso y luego haga una «lista de cosas por hacer» de una o dos cosas que planifica hacer específicamente para resolverlo. Después de que haya pasado por muchas de estas preocupaciones, tendrá varios puntos en una «lista de cosas por hacer». Durante su tiempo extenso con Dios, se le pueden ocurrir otras cosas para poner en su «lista de cosas por hacer».
4. Tal vez sea sabio deshacerse de su listado de preocupaciones si contiene nombres de personas o asuntos personales que deberían mantenerse en privado. No es poco común que una persona tenga alrededor de veinte cosas en un listado de preocupaciones cuando se recopila mensualmente.

LISTA DE COMPROBACIÓN DE SU TIEMPO EXTENSO CON DIOS

1. Esencial
   a. Una Biblia (tal vez la que lee regularmente)
   b. Un cuaderno, un poco de papel o una computadora portátil para tomar notas
   c. Lápices o bolígrafos
   d. Una forma de estar al tanto del tiempo (por ejemplo, un teléfono celular con el timbre apagado o un reloj)
2. Opcional
   a. Cartas de oración de misioneros u obreros cristianos
   b. Un libro devocional, como:
      (1) *El poder a través de la oración* por E. M. Bounds
      (2) *Palabras para el ganador de almas* por Horatius Bonar
      (3) *Prayer: Conversing with God* (La oración: Conversación con Dios) por Rosalind Rinker
      (4) *La práctica de la presencia de Dios* por el Hermano Lorenzo
      (5) *Pray: How to be Effective in Prayer* (Ore: Cómo ser efectivo en la oración) por Warren y Ruth Myers
      (6) *El propósito de la oración* por E. M. Bounds
   c. Un almuerzo empacado y bebida
   d. Su listado de oración actual
   e. Fichas de memorización, para agregar un poco de repaso y tiempo de meditación adicional o para orar con estos versículos
   f. Su hoja de *Los puntos sobresalientes de mi lectura* de las semanas recientes, para buscar los patrones de cómo Dios le «habla»
   g. Ropa cómoda, apropiada para la temperatura y el lugar
   h. Un calendario de los meses venideros
   i. Un himnario
   j. Las notas de su último tiempo extenso con Dios
   k. Su listado de objetivos o metas
   l. Los datos de una decisión que esté tomando
   m. Una copia de su horario semanal

MUESTRA DE CÓMO TOMAR NOTAS DURANTE UN TIEMPO EXTENSO CON DIOS

1:15-1:45	Juan 14-16	30 min
	14:3 El cielo todavía está en preparación	
	14:13 La participación de Jesús en la oración	
	14:15, 21 ¡Obedezcan! (15:7, 10)	
	16:26 «Ese día pedirán en mi nombre»	
1:45-1:50	Tiempo de confesión	5 min
1:50-2:00	Repaso de «Cómo pasar un día en oración»	10 min
2:00-2:15	Salmo 145—Lectura, alabanza, adoración	15 min
	145:3, 6 ¡Tenemos un gran Dios!	
	145:4 Él obrará en mis hijos	
	145:9 ¡Estoy agradecido por la misericordia de Dios!	
	145:15 Dios suple necesidades; ¡ha suplido las mías!	
	145:17 Quiero crecer en santidad	
2:15-3:00	Hacer un «Listado de preocupaciones» (oración y lista de cosas por hacer)	45 min
3:00-3:20	Orar por otras personas	20 min

Lista de cosas por hacer:
1. Organizar las hojas de oración
2. Disculparme con ________ por ________
3. Limpiar la cajuela del auto

4:00-4:20	Conclusiones	20 min
	1. El tiempo a solas y el repaso de la memorización deben ser cosas diarias ¡que no debo dejar nunca!	
	2. Orar y trabajar por una vida ¡equilibrada!	

TAREA PARA LA SESIÓN 11

1. *Memorización de las Escrituras:* Pase un poco de tiempo citando y pensando en los versículos que se ha aprendido en los libros 1 y 2.
2. *Tiempo a solas:* Siga leyendo, marcando, respondiéndole a Dios en oración, haciendo anotaciones en *Los puntos sobresalientes de mi lectura* y usando una hoja de oración.
3. *Tiempo extenso con Dios:*
   a. Tome las decisiones de la lista de comprobación (página 108) y llegue descansado, alerta y dispuesto a pasar tiempo con Dios.
   b. Su líder de grupo le explicará cómo se hará la sesión 11 con base en su planificación y las sugerencias que se dan en la guía del líder.
4. *Otras:* Pida que le firmen los puntos restantes del libro 2 en *Mi registro de tareas completadas.*

EL TIEMPO EXTENSO CON DIOS

Los líderes de discipulado de su iglesia y su líder de grupo planificarán este taller de la manera en que ellos crean que será más beneficioso para todos los que participen en él.

¡Disfrute su tiempo extenso con Dios!

EL DESAFÍO CONTINÚA...

Al completar *Cultivando raíces en la familia de Dios* (libro 2), ha desarrollado más su caminar con Cristo al:

- Estudiar sugerencias y opciones para un tiempo extenso con Dios.
- Experimentar un tiempo extenso con Dios.
- Aprender cómo preparar y presentar «Mi historia» (la manera en que Cristo ha obrado en su vida).
- Leer y discutir acerca del señorío de Cristo en la vida de un cristiano.
- Memorizar versículos valiosos en «Viva la vida nueva».
- Estudiar principios bíblicos para caminar con Cristo.

UNA VISTA PREVIA DEL LIBRO 3

Ahora que ha completado el libro 2, considere continuar con el excelente siguiente segmento de preparación para el discipulado: *Dando fruto en la familia de Dios.*

- Libro 1: *Creciendo firmes en la familia de Dios*
- Libro 2: *Cultivando raíces en la familia de Dios*
- Libro 3: *Dando fruto en la familia de Dios*

En el libro 3, usted seguirá desarrollando y fortaleciendo su caminar con Cristo al:

- Memorizar los versículos clave sobre «Proclame a Cristo», versículos que puede usar para explicarle el evangelio a alguien.
- Contar «Mi historia» con o sin notas de bosquejo en menos de cuatro minutos.

- Aprender a usar La ilustración del puente para explicar el evangelio de una manera visual y verbal.
- Discutir dos segmentos de entrenamiento en cuanto a las maneras de aplicar las prioridades a la vida diaria.
- Estudiar principios bíblicos relacionados con el carácter cristiano.

Nuestra esperanza es que planifique seguir con el proceso de preparación de La serie 2:7. ¿Se puede comprometer a trabajar con el libro 3 y a completar este excelente entrenamiento? Si lo hace, ¡muy probablemente disfrutará los beneficios durante toda la vida!

APÉNDICES

- Los puntos sobresalientes de mi lectura
- Hojas de oración
- Mi progreso en la lectura

LOS PUNTOS SOBRESALIENTES DE MI LECTURA

«Ahora, hijos míos, escúchenme, pues todos los que siguen mis caminos son felices. Escuchen mi instrucción y sean sabios; no la pasen por alto. ¡Alegres son los que me escuchan, y están atentos a mis puertas día tras día, y me esperan afuera de mi casa!»

—PROVERBIOS 8:32-34

Traducción ________________________ Año ____________

☐ **Domingo** Fecha ____________ Todo lo que leí hoy ____________

Lo mejor que marqué hoy: *Cita* ____________

Pensamiento: ____________

De qué manera me impresionó: ____________

☐ **Lunes** Fecha ____________ Todo lo que leí hoy ____________

Lo mejor que marqué hoy: *Cita* ____________

Pensamiento: ____________

De qué manera me impresionó: ____________

☐ **Martes** Fecha ____________ Todo lo que leí hoy ____________

Lo mejor que marqué hoy: *Cita* ____________

Pensamiento: ____________

De qué manera me impresionó: ____________

☐ **Miércoles** Fecha ______ Todo lo que leí hoy ______

Lo mejor que marqué hoy: *Cita* ______

Pensamiento: ______

De qué manera me impresionó: ______

☐ **Jueves** Fecha ______ Todo lo que leí hoy ______

Lo mejor que marqué hoy: *Cita* ______

Pensamiento: ______

De qué manera me impresionó: ______

☐ **Viernes** Fecha ______ Todo lo que leí hoy ______

Lo mejor que marqué hoy: *Cita* ______

Pensamiento: ______

De qué manera me impresionó: ______

☐ **Sábado** Fecha ______ Todo lo que leí hoy ______

Lo mejor que marqué hoy: *Cita* ______

Pensamiento: ______

De qué manera me impresionó: ______

LOS PUNTOS SOBRESALIENTES DE MI LECTURA

«Ahora, hijos míos, escúchenme, pues todos los que siguen mis caminos son felices. Escuchen mi instrucción y sean sabios; no la pasen por alto. ¡Alegres son los que me escuchan, y están atentos a mis puertas día tras día, y me esperan afuera de mi casa!»

—Proverbios 8:32-34

Traducción ______ Año ______

☐ **Domingo** Fecha ______ Todo lo que leí hoy ______

Lo mejor que marqué hoy: *Cita* ______

Pensamiento: ______

De qué manera me impresionó: ______

☐ **Lunes** Fecha ______ Todo lo que leí hoy ______

Lo mejor que marqué hoy: *Cita* ______

Pensamiento: ______

De qué manera me impresionó: ______

☐ **Martes** Fecha ______ Todo lo que leí hoy ______

Lo mejor que marqué hoy: *Cita* ______

Pensamiento: ______

De qué manera me impresionó: ______

☐ **Miércoles** Fecha ______ Todo lo que leí hoy ______

Lo mejor que marqué hoy: *Cita* ______

Pensamiento: ______

De qué manera me impresionó: ______

☐ **Jueves** Fecha ______ Todo lo que leí hoy ______

Lo mejor que marqué hoy: *Cita* ______

Pensamiento: ______

De qué manera me impresionó: ______

☐ **Viernes** Fecha ______ Todo lo que leí hoy ______

Lo mejor que marqué hoy: *Cita* ______

Pensamiento: ______

De qué manera me impresionó: ______

☐ **Sábado** Fecha ______ Todo lo que leí hoy ______

Lo mejor que marqué hoy: *Cita* ______

Pensamiento: ______

De qué manera me impresionó: ______

LOS PUNTOS SOBRESALIENTES DE MI LECTURA

> «Ahora, hijos míos, escúchenme, pues todos los que siguen mis caminos son felices. Escuchen mi instrucción y sean sabios; no la pasen por alto. ¡Alegres son los que me escuchan, y están atentos a mis puertas día tras día, y me esperan afuera de mi casa!»
>
> —PROVERBIOS 8:32-34

Traducción ______________________ Año ____________

☐ **Domingo** Fecha ____________ Todo lo que leí hoy ____________

Lo mejor que marqué hoy: *Cita* ____________

Pensamiento: ____________

De qué manera me impresionó: ____________

☐ **Lunes** Fecha ____________ Todo lo que leí hoy ____________

Lo mejor que marqué hoy: *Cita* ____________

Pensamiento: ____________

De qué manera me impresionó: ____________

☐ **Martes** Fecha ____________ Todo lo que leí hoy ____________

Lo mejor que marqué hoy: *Cita* ____________

Pensamiento: ____________

De qué manera me impresionó: ____________

☐ **Miércoles** Fecha ____________ Todo lo que leí hoy ____________

Lo mejor que marqué hoy: *Cita* ____________

Pensamiento: ____________

De qué manera me impresionó: ____________

☐ **Jueves** Fecha ____________ Todo lo que leí hoy ____________

Lo mejor que marqué hoy: *Cita* ____________

Pensamiento: ____________

De qué manera me impresionó: ____________

☐ **Viernes** Fecha ____________ Todo lo que leí hoy ____________

Lo mejor que marqué hoy: *Cita* ____________

Pensamiento: ____________

De qué manera me impresionó: ____________

☐ **Sábado** Fecha ____________ Todo lo que leí hoy ____________

Lo mejor que marqué hoy: *Cita* ____________

Pensamiento: ____________

De qué manera me impresionó: ____________

LOS PUNTOS SOBRESALIENTES DE MI LECTURA

«Ahora, hijos míos, escúchenme, pues todos los que siguen mis caminos son felices. Escuchen mi instrucción y sean sabios; no la pasen por alto. ¡Alegres son los que me escuchan, y están atentos a mis puertas día tras día, y me esperan afuera de mi casa!»

—Proverbios 8:32-34

Traducción ______________________ Año ______________

☐ **Domingo** Fecha ______________ Todo lo que leí hoy ______________

Lo mejor que marqué hoy: *Cita* ______________

Pensamiento: ______________

De qué manera me impresionó: ______________

☐ **Lunes** Fecha ______________ Todo lo que leí hoy ______________

Lo mejor que marqué hoy: *Cita* ______________

Pensamiento: ______________

De qué manera me impresionó: ______________

☐ **Martes** Fecha ______________ Todo lo que leí hoy ______________

Lo mejor que marqué hoy: *Cita* ______________

Pensamiento: ______________

De qué manera me impresionó: ______________

☐ **Miércoles** Fecha ________ Todo lo que leí hoy ________

Lo mejor que marqué hoy: *Cita* ________

Pensamiento: ________

De qué manera me impresionó: ________

☐ **Jueves** Fecha ________ Todo lo que leí hoy ________

Lo mejor que marqué hoy: *Cita* ________

Pensamiento: ________

De qué manera me impresionó: ________

☐ **Viernes** Fecha ________ Todo lo que leí hoy ________

Lo mejor que marqué hoy: *Cita* ________

Pensamiento: ________

De qué manera me impresionó: ________

☐ **Sábado** Fecha ________ Todo lo que leí hoy ________

Lo mejor que marqué hoy: *Cita* ________

Pensamiento: ________

De qué manera me impresionó: ________

LOS PUNTOS SOBRESALIENTES DE MI LECTURA

«Ahora, hijos míos, escúchenme, pues todos los que siguen mis caminos son felices. Escuchen mi instrucción y sean sabios; no la pasen por alto. ¡Alegres son los que me escuchan, y están atentos a mis puertas día tras día, y me esperan afuera de mi casa!»

—Proverbios 8:32-34

Traducción ______ Año ______

☐ **Domingo** Fecha ______ Todo lo que leí hoy ______

Lo mejor que marqué hoy: *Cita* ______

Pensamiento: ______

De qué manera me impresionó: ______

☐ **Lunes** Fecha ______ Todo lo que leí hoy ______

Lo mejor que marqué hoy: *Cita* ______

Pensamiento: ______

De qué manera me impresionó: ______

☐ **Martes** Fecha ______ Todo lo que leí hoy ______

Lo mejor que marqué hoy: *Cita* ______

Pensamiento: ______

De qué manera me impresionó: ______

☐ **Miércoles** Fecha ______ Todo lo que leí hoy ______

Lo mejor que marqué hoy: *Cita* ______

Pensamiento: ______

De qué manera me impresionó: ______

☐ **Jueves** Fecha ______ Todo lo que leí hoy ______

Lo mejor que marqué hoy: *Cita* ______

Pensamiento: ______

De qué manera me impresionó: ______

☐ **Viernes** Fecha ______ Todo lo que leí hoy ______

Lo mejor que marqué hoy: *Cita* ______

Pensamiento: ______

De qué manera me impresionó: ______

☐ **Sábado** Fecha ______ Todo lo que leí hoy ______

Lo mejor que marqué hoy: *Cita* ______

Pensamiento: ______

De qué manera me impresionó: ______

LOS PUNTOS SOBRESALIENTES DE MI LECTURA

> «Ahora, hijos míos, escúchenme, pues todos los que siguen mis caminos son felices. Escuchen mi instrucción y sean sabios; no la pasen por alto. ¡Alegres son los que me escuchan, y están atentos a mis puertas día tras día, y me esperan afuera de mi casa!»
>
> —Proverbios 8:32-34

Traducción ______ Año ______

☐ **Domingo** Fecha ______ Todo lo que leí hoy ______

Lo mejor que marqué hoy: *Cita* ______

Pensamiento: ______

De qué manera me impresionó: ______

☐ **Lunes** Fecha ______ Todo lo que leí hoy ______

Lo mejor que marqué hoy: *Cita* ______

Pensamiento: ______

De qué manera me impresionó: ______

☐ **Martes** Fecha ______ Todo lo que leí hoy ______

Lo mejor que marqué hoy: *Cita* ______

Pensamiento: ______

De qué manera me impresionó: ______

☐ **Miércoles** Fecha __________ Todo lo que leí hoy __________

Lo mejor que marqué hoy: *Cita* __________

Pensamiento: __________

De qué manera me impresionó: __________

☐ **Jueves** Fecha __________ Todo lo que leí hoy __________

Lo mejor que marqué hoy: *Cita* __________

Pensamiento: __________

De qué manera me impresionó: __________

☐ **Viernes** Fecha __________ Todo lo que leí hoy __________

Lo mejor que marqué hoy: *Cita* __________

Pensamiento: __________

De qué manera me impresionó: __________

☐ **Sábado** Fecha __________ Todo lo que leí hoy __________

Lo mejor que marqué hoy: *Cita* __________

Pensamiento: __________

De qué manera me impresionó: __________

LOS PUNTOS SOBRESALIENTES DE MI LECTURA

«Ahora, hijos míos, escúchenme, pues todos los que siguen mis caminos son felices. Escuchen mi instrucción y sean sabios; no la pasen por alto. ¡Alegres son los que me escuchan, y están atentos a mis puertas día tras día, y me esperan afuera de mi casa!»

—Proverbios 8:32-34

Traducción ______________________ Año __________

☐ **Domingo** Fecha ______________ Todo lo que leí hoy ______________

Lo mejor que marqué hoy: *Cita* ______________

Pensamiento: ______________

____

De qué manera me impresionó: ______________

____

____

____

☐ **Lunes** Fecha ______________ Todo lo que leí hoy ______________

Lo mejor que marqué hoy: *Cita* ______________

Pensamiento: ______________

____

De qué manera me impresionó: ______________

____

____

____

☐ **Martes** Fecha ______________ Todo lo que leí hoy ______________

Lo mejor que marqué hoy: *Cita* ______________

Pensamiento: ______________

____

De qué manera me impresionó: ______________

____

____

____

☐ **Miércoles** Fecha ______ Todo lo que leí hoy ______

Lo mejor que marqué hoy: *Cita* ______

Pensamiento: ______

De qué manera me impresionó: ______

☐ **Jueves** Fecha ______ Todo lo que leí hoy ______

Lo mejor que marqué hoy: *Cita* ______

Pensamiento: ______

De qué manera me impresionó: ______

☐ **Viernes** Fecha ______ Todo lo que leí hoy ______

Lo mejor que marqué hoy: *Cita* ______

Pensamiento: ______

De qué manera me impresionó: ______

☐ **Sábado** Fecha ______ Todo lo que leí hoy ______

Lo mejor que marqué hoy: *Cita* ______

Pensamiento: ______

De qué manera me impresionó: ______

LOS PUNTOS SOBRESALIENTES DE MI LECTURA

«Ahora, hijos míos, escúchenme, pues todos los que siguen mis caminos son felices. Escuchen mi instrucción y sean sabios; no la pasen por alto. ¡Alegres son los que me escuchan, y están atentos a mis puertas día tras día, y me esperan afuera de mi casa!»

—PROVERBIOS 8:32-34

Traducción ____________________ Año __________

☐ **Domingo** Fecha __________ Todo lo que leí hoy __________

Lo mejor que marqué hoy: *Cita* __________

Pensamiento: __________

De qué manera me impresionó: __________

☐ **Lunes** Fecha __________ Todo lo que leí hoy __________

Lo mejor que marqué hoy: *Cita* __________

Pensamiento: __________

De qué manera me impresionó: __________

☐ **Martes** Fecha __________ Todo lo que leí hoy __________

Lo mejor que marqué hoy: *Cita* __________

Pensamiento: __________

De qué manera me impresionó: __________

☐ **Miércoles** Fecha ______ Todo lo que leí hoy ______

Lo mejor que marqué hoy: *Cita* ______

Pensamiento: ______

De qué manera me impresionó: ______

☐ **Jueves** Fecha ______ Todo lo que leí hoy ______

Lo mejor que marqué hoy: *Cita* ______

Pensamiento: ______

De qué manera me impresionó: ______

☐ **Viernes** Fecha ______ Todo lo que leí hoy ______

Lo mejor que marqué hoy: *Cita* ______

Pensamiento: ______

De qué manera me impresionó: ______

☐ **Sábado** Fecha ______ Todo lo que leí hoy ______

Lo mejor que marqué hoy: *Cita* ______

Pensamiento: ______

De qué manera me impresionó: ______

LOS PUNTOS SOBRESALIENTES DE MI LECTURA

> «Ahora, hijos míos, escúchenme, pues todos los que siguen mis caminos son felices. Escuchen mi instrucción y sean sabios; no la pasen por alto. ¡Alegres son los que me escuchan, y están atentos a mis puertas día tras día, y me esperan afuera de mi casa!»
>
> —PROVERBIOS 8:32-34

Traducción ____________________ Año __________

☐ **Domingo** Fecha __________ Todo lo que leí hoy __________

Lo mejor que marqué hoy: *Cita* __________

Pensamiento: __________

____

De qué manera me impresionó: __________

____

____

____

☐ **Lunes** Fecha __________ Todo lo que leí hoy __________

Lo mejor que marqué hoy: *Cita* __________

Pensamiento: __________

____

De qué manera me impresionó: __________

____

____

____

☐ **Martes** Fecha __________ Todo lo que leí hoy __________

Lo mejor que marqué hoy: *Cita* __________

Pensamiento: __________

____

De qué manera me impresionó: __________

____

____

____

☐ **Miércoles** Fecha ______ Todo lo que leí hoy ______

Lo mejor que marqué hoy: *Cita* ______

Pensamiento: ______

De qué manera me impresionó: ______

☐ **Jueves** Fecha ______ Todo lo que leí hoy ______

Lo mejor que marqué hoy: *Cita* ______

Pensamiento: ______

De qué manera me impresionó: ______

☐ **Viernes** Fecha ______ Todo lo que leí hoy ______

Lo mejor que marqué hoy: *Cita* ______

Pensamiento: ______

De qué manera me impresionó: ______

☐ **Sábado** Fecha ______ Todo lo que leí hoy ______

Lo mejor que marqué hoy: *Cita* ______

Pensamiento: ______

De qué manera me impresionó: ______

LOS PUNTOS SOBRESALIENTES DE MI LECTURA

> «Ahora, hijos míos, escúchenme, pues todos los que siguen mis caminos son felices. Escuchen mi instrucción y sean sabios; no la pasen por alto. ¡Alegres son los que me escuchan, y están atentos a mis puertas día tras día, y me esperan afuera de mi casa!»
>
> —PROVERBIOS 8:32-34

Traducción ______ Año ______

☐ **Domingo** Fecha ______ Todo lo que leí hoy ______

Lo mejor que marqué hoy: *Cita* ______

Pensamiento: ______

De qué manera me impresionó: ______

☐ **Lunes** Fecha ______ Todo lo que leí hoy ______

Lo mejor que marqué hoy: *Cita* ______

Pensamiento: ______

De qué manera me impresionó: ______

☐ **Martes** Fecha ______ Todo lo que leí hoy ______

Lo mejor que marqué hoy: *Cita* ______

Pensamiento: ______

De qué manera me impresionó: ______

☐ **Miércoles** Fecha ______ Todo lo que leí hoy ______

Lo mejor que marqué hoy: *Cita* ______

Pensamiento: ______

De qué manera me impresionó: ______

☐ **Jueves** Fecha ______ Todo lo que leí hoy ______

Lo mejor que marqué hoy: *Cita* ______

Pensamiento: ______

De qué manera me impresionó: ______

☐ **Viernes** Fecha ______ Todo lo que leí hoy ______

Lo mejor que marqué hoy: *Cita* ______

Pensamiento: ______

De qué manera me impresionó: ______

☐ **Sábado** Fecha ______ Todo lo que leí hoy ______

Lo mejor que marqué hoy: *Cita* ______

Pensamiento: ______

De qué manera me impresionó: ______

LOS PUNTOS SOBRESALIENTES DE MI LECTURA

«Ahora, hijos míos, escúchenme, pues todos los que siguen mis caminos son felices. Escuchen mi instrucción y sean sabios; no la pasen por alto. ¡Alegres son los que me escuchan, y están atentos a mis puertas día tras día, y me esperan afuera de mi casa!»

—PROVERBIOS 8:32-34

Traducción ______________________ Año __________

☐ **Domingo** Fecha ______________ Todo lo que leí hoy ______________

Lo mejor que marqué hoy: *Cita* ______________

Pensamiento: ______________

____

De qué manera me impresionó: ______________

____

____

____

☐ **Lunes** Fecha ______________ Todo lo que leí hoy ______________

Lo mejor que marqué hoy: *Cita* ______________

Pensamiento: ______________

____

De qué manera me impresionó: ______________

____

____

____

☐ **Martes** Fecha ______________ Todo lo que leí hoy ______________

Lo mejor que marqué hoy: *Cita* ______________

Pensamiento: ______________

____

De qué manera me impresionó: ______________

____

____

____

☐ **Miércoles** Fecha ______ Todo lo que leí hoy ______

Lo mejor que marqué hoy: *Cita* ______

Pensamiento: ______

De qué manera me impresionó: ______

☐ **Jueves** Fecha ______ Todo lo que leí hoy ______

Lo mejor que marqué hoy: *Cita* ______

Pensamiento: ______

De qué manera me impresionó: ______

☐ **Viernes** Fecha ______ Todo lo que leí hoy ______

Lo mejor que marqué hoy: *Cita* ______

Pensamiento: ______

De qué manera me impresionó: ______

☐ **Sábado** Fecha ______ Todo lo que leí hoy ______

Lo mejor que marqué hoy: *Cita* ______

Pensamiento: ______

De qué manera me impresionó: ______

LOS PUNTOS SOBRESALIENTES DE MI LECTURA

«Ahora, hijos míos, escúchenme, pues todos los que siguen mis caminos son felices. Escuchen mi instrucción y sean sabios; no la pasen por alto. ¡Alegres son los que me escuchan, y están atentos a mis puertas día tras día, y me esperan afuera de mi casa!»

—Proverbios 8:32-34

Traducción ______________________ Año ______________

☐ **Domingo** Fecha ______________ Todo lo que leí hoy ______________

Lo mejor que marqué hoy: *Cita* ______________

Pensamiento: ______________

____

De qué manera me impresionó: ______________

____

____

____

☐ **Lunes** Fecha ______________ Todo lo que leí hoy ______________

Lo mejor que marqué hoy: *Cita* ______________

Pensamiento: ______________

____

De qué manera me impresionó: ______________

____

____

____

☐ **Martes** Fecha ______________ Todo lo que leí hoy ______________

Lo mejor que marqué hoy: *Cita* ______________

Pensamiento: ______________

____

De qué manera me impresionó: ______________

____

____

____

☐ **Miércoles** Fecha ______ Todo lo que leí hoy ______

Lo mejor que marqué hoy: *Cita* ______

Pensamiento: ______

De qué manera me impresionó: ______

☐ **Jueves** Fecha ______ Todo lo que leí hoy ______

Lo mejor que marqué hoy: *Cita* ______

Pensamiento: ______

De qué manera me impresionó: ______

☐ **Viernes** Fecha ______ Todo lo que leí hoy ______

Lo mejor que marqué hoy: *Cita* ______

Pensamiento: ______

De qué manera me impresionó: ______

☐ **Sábado** Fecha ______ Todo lo que leí hoy ______

Lo mejor que marqué hoy: *Cita* ______

Pensamiento: ______

De qué manera me impresionó: ______

LOS PUNTOS SOBRESALIENTES DE MI LECTURA

«Ahora, hijos míos, escúchenme, pues todos los que siguen mis caminos son felices. Escuchen mi instrucción y sean sabios; no la pasen por alto. ¡Alegres son los que me escuchan, y están atentos a mis puertas día tras día, y me esperan afuera de mi casa!»

—PROVERBIOS 8:32-34

Traducción ____________ Año ____________

☐ **Domingo** Fecha ____________ Todo lo que leí hoy ____________

Lo mejor que marqué hoy: *Cita* ____________

Pensamiento: ____________

De qué manera me impresionó: ____________

☐ **Lunes** Fecha ____________ Todo lo que leí hoy ____________

Lo mejor que marqué hoy: *Cita* ____________

Pensamiento: ____________

De qué manera me impresionó: ____________

☐ **Martes** Fecha ____________ Todo lo que leí hoy ____________

Lo mejor que marqué hoy: *Cita* ____________

Pensamiento: ____________

De qué manera me impresionó: ____________

☐ **Miércoles** Fecha Todo lo que leí hoy

Lo mejor que marqué hoy: *Cita*

Pensamiento:

De qué manera me impresionó:

☐ **Jueves** Fecha Todo lo que leí hoy

Lo mejor que marqué hoy: *Cita*

Pensamiento:

De qué manera me impresionó:

☐ **Viernes** Fecha Todo lo que leí hoy

Lo mejor que marqué hoy: *Cita*

Pensamiento:

De qué manera me impresionó:

☐ **Sábado** Fecha Todo lo que leí hoy

Lo mejor que marqué hoy: *Cita*

Pensamiento:

De qué manera me impresionó:

LOS PUNTOS SOBRESALIENTES DE MI LECTURA

«Ahora, hijos míos, escúchenme, pues todos los que siguen mis caminos son felices. Escuchen mi instrucción y sean sabios; no la pasen por alto. ¡Alegres son los que me escuchan, y están atentos a mis puertas día tras día, y me esperan afuera de mi casa!»

—Proverbios 8:32-34

Traducción ______________________ Año __________

☐ **Domingo** Fecha __________ Todo lo que leí hoy __________

Lo mejor que marqué hoy: *Cita* __________

Pensamiento: __________

De qué manera me impresionó: __________

☐ **Lunes** Fecha __________ Todo lo que leí hoy __________

Lo mejor que marqué hoy: *Cita* __________

Pensamiento: __________

De qué manera me impresionó: __________

☐ **Martes** Fecha __________ Todo lo que leí hoy __________

Lo mejor que marqué hoy: *Cita* __________

Pensamiento: __________

De qué manera me impresionó: __________

☐ **Miércoles** Fecha ______ Todo lo que leí hoy ______

Lo mejor que marqué hoy: *Cita* ______

Pensamiento: ______

De qué manera me impresionó: ______

☐ **Jueves** Fecha ______ Todo lo que leí hoy ______

Lo mejor que marqué hoy: *Cita* ______

Pensamiento: ______

De qué manera me impresionó: ______

☐ **Viernes** Fecha ______ Todo lo que leí hoy ______

Lo mejor que marqué hoy: *Cita* ______

Pensamiento: ______

De qué manera me impresionó: ______

☐ **Sábado** Fecha ______ Todo lo que leí hoy ______

Lo mejor que marqué hoy: *Cita* ______

Pensamiento: ______

De qué manera me impresionó: ______

LOS PUNTOS SOBRESALIENTES DE MI LECTURA

> «Ahora, hijos míos, escúchenme, pues todos los que siguen mis caminos son felices. Escuchen mi instrucción y sean sabios; no la pasen por alto. ¡Alegres son los que me escuchan, y están atentos a mis puertas día tras día, y me esperan afuera de mi casa!»
>
> —PROVERBIOS 8:32-34

Traducción ______________________ Año ________

☐ **Domingo** Fecha ____________ Todo lo que leí hoy ____________

Lo mejor que marqué hoy: *Cita* ____________

Pensamiento: ____________

De qué manera me impresionó: ____________

☐ **Lunes** Fecha ____________ Todo lo que leí hoy ____________

Lo mejor que marqué hoy: *Cita* ____________

Pensamiento: ____________

De qué manera me impresionó: ____________

☐ **Martes** Fecha ____________ Todo lo que leí hoy ____________

Lo mejor que marqué hoy: *Cita* ____________

Pensamiento: ____________

De qué manera me impresionó: ____________

☐ **Miércoles** Fecha ______ Todo lo que leí hoy ______

Lo mejor que marqué hoy: *Cita* ______

Pensamiento: ______

De qué manera me impresionó: ______

☐ **Jueves** Fecha ______ Todo lo que leí hoy ______

Lo mejor que marqué hoy: *Cita* ______

Pensamiento: ______

De qué manera me impresionó: ______

☐ **Viernes** Fecha ______ Todo lo que leí hoy ______

Lo mejor que marqué hoy: *Cita* ______

Pensamiento: ______

De qué manera me impresionó: ______

☐ **Sábado** Fecha ______ Todo lo que leí hoy ______

Lo mejor que marqué hoy: *Cita* ______

Pensamiento: ______

De qué manera me impresionó: ______

LOS PUNTOS SOBRESALIENTES DE MI LECTURA

«Ahora, hijos míos, escúchenme, pues todos los que siguen mis caminos son felices. Escuchen mi instrucción y sean sabios; no la pasen por alto. ¡Alegres son los que me escuchan, y están atentos a mis puertas día tras día, y me esperan afuera de mi casa!»

—Proverbios 8:32-34

Traducción ______________________ Año __________

☐ **Domingo** Fecha __________ Todo lo que leí hoy __________

Lo mejor que marqué hoy: *Cita* __________

Pensamiento: __________

____

De qué manera me impresionó: __________

____

____

____

☐ **Lunes** Fecha __________ Todo lo que leí hoy __________

Lo mejor que marqué hoy: *Cita* __________

Pensamiento: __________

____

De qué manera me impresionó: __________

____

____

____

☐ **Martes** Fecha __________ Todo lo que leí hoy __________

Lo mejor que marqué hoy: *Cita* __________

Pensamiento: __________

____

De qué manera me impresionó: __________

____

____

____

☐ **Miércoles** Fecha ______________ Todo lo que leí hoy ______________

Lo mejor que marqué hoy: *Cita* ______________

Pensamiento: ______________

De qué manera me impresionó: ______________

☐ **Jueves** Fecha ______________ Todo lo que leí hoy ______________

Lo mejor que marqué hoy: *Cita* ______________

Pensamiento: ______________

De qué manera me impresionó: ______________

☐ **Viernes** Fecha ______________ Todo lo que leí hoy ______________

Lo mejor que marqué hoy: *Cita* ______________

Pensamiento: ______________

De qué manera me impresionó: ______________

☐ **Sábado** Fecha ______________ Todo lo que leí hoy ______________

Lo mejor que marqué hoy: *Cita* ______________

Pensamiento: ______________

De qué manera me impresionó: ______________

HOJA DE ORACIÓN

PETICIÓN	LA RESPUESTA DE DIOS

HOJA DE ORACIÓN

PETICIÓN	LA RESPUESTA DE DIOS

HOJA DE ORACIÓN

PETICIÓN	LA RESPUESTA DE DIOS

HOJA DE ORACIÓN

PETICIÓN	LA RESPUESTA DE DIOS

HOJA DE ORACIÓN

PETICIÓN	LA RESPUESTA DE DIOS

HOJA DE ORACIÓN

PETICIÓN	LA RESPUESTA DE DIOS

MI PROGRESO EN LA LECTURA

ANTIGUO TESTAMENTO

Libro	Capítulos
Génesis	1 2 3 4 5 6 7 8 9 10 11 12 13 14 15 16 17 18 19 20 21 22 23 24 25 26 27 28 29 30 31 32 33 34 35 36 37 38 39 40 41 42 43 44 45 46 47 48 49 50
Éxodo	1 2 3 4 5 6 7 8 9 10 11 12 13 14 15 16 17 18 19 20 21 22 23 24 25 26 27 28 29 30 31 32 33 34 35 36 37 38 39 40
Levítico	1 2 3 4 5 6 7 8 9 10 11 12 13 14 15 16 17 18 19 20 21 22 23 24 25 26 27
Números	1 2 3 4 5 6 7 8 9 10 11 12 13 14 15 16 17 18 19 20 21 22 23 24 25 26 27 28 29 30 31 32 33 34 35 36
Deuteronomio	1 2 3 4 5 6 7 8 9 10 11 12 13 14 15 16 17 18 19 20 21 22 23 24 25 26 27 28 29 30 31 32 33 34
Josué	1 2 3 4 5 6 7 8 9 10 11 12 13 14 15 16 17 18 19 20 21 22 23 24
Jueces	1 2 3 4 5 6 7 8 9 10 11 12 13 14 15 16 17 18 19 20 21
Rut	1 2 3 4
1 Samuel	1 2 3 4 5 6 7 8 9 10 11 12 13 14 15 16 17 18 19 20 21 22 23 24 25 26 27 28 29 30 31
2 Samuel	1 2 3 4 5 6 7 8 9 10 11 12 13 14 15 16 17 18 19 20 21 22 23 24
1 Reyes	1 2 3 4 5 6 7 8 9 10 11 12 13 14 15 16 17 18 19 20 21 22
2 Reyes	1 2 3 4 5 6 7 8 9 10 11 12 13 14 15 16 17 18 19 20 21 22 23 24 25
1 Crónicas	1 2 3 4 5 6 7 8 9 10 11 12 13 14 15 16 17 18 19 20 21 22 23 24 25 26 27 28 29
2 Crónicas	1 2 3 4 5 6 7 8 9 10 11 12 13 14 15 16 17 18 19 20 21 22 23 24 25 26 27 28 29 30 31 32 33 34 35 36
Esdras	1 2 3 4 5 6 7 8 9 10
Nehemías	1 2 3 4 5 6 7 8 9 10 11 12 13
Ester	1 2 3 4 5 6 7 8 9 10
Job	1 2 3 4 5 6 7 8 9 10 11 12 13 14 15 16 17 18 19 20 21 22 23 24 25 26 27 28 29 30 31 32 33 34 35 36 37 38 39 40 41 42
Salmos	1 2 3 4 5 6 7 8 9 10 11 12 13 14 15 16 17 18 19 20 21 22 23 24 25 26 27 28 29 30 31 32 33 34 35 36 37 38 39 40 41 42 43 44 45 46 47 48 49 50 51 52 53 54 55 56 57 58 59 60 61 62 63 64 65 66 67 68 69 70 71 72 73 74 75 76 77 78 79 80 81 82 83 84 85 86 87 88 89 90 91 92 93 94 95 96 97 98 99 100 101 102 103 104 105 106 107 108 109 110 111 112 113 114 115 116 117 118 119 120 121 122 123 124 125 126 127 128 129 130 131 132 133 134 135 136 137 138 139 140 141 142 143 144 145 146 147 148 149 150
Proverbios	1 2 3 4 5 6 7 8 9 10 11 12 13 14 15 16 17 18 19 20 21 22 23 24 25 26 27 28 29 30 31
Eclesiastés	1 2 3 4 5 6 7 8 9 10 11 12
Cantar de los Cantares	1 2 3 4 5 6 7 8
Isaías	1 2 3 4 5 6 7 8 9 10 11 12 13 14 15 16 17 18 19 20 21 22 23 24 25 26 27 28 29 30 31 32 33 34 35 36 37 38 39 40 41 42 43 44 45 46 47 48 49 50 51 52 53 54 55 56 57 58 59 60 61 62 63 64 65 66
Jeremías	1 2 3 4 5 6 7 8 9 10 11 12 13 14 15 16 17 18 19 20 21 22 23 24 25 26 27 28 29 30 31 32 33 34 35 36 37 38 39 40 41 42 43 44 45 46 47 48 49 50 51 52
Lamentaciones	1 2 3 4 5

Ezequiel 1 2 3 4 5 6 7 8 9 10 11 12 13 14 15 16 17 18 19 20 21 22 23 24 25 26 27 28 29 30 31 32 33 34 35 36 37 38 39 40 41 42 43 44 45 46 47 48

Daniel 1 2 3 4 5 6 7 8 9 10 11 12

Oseas 1 2 3 4 5 6 7 8 9 10 11 12 13 14

Joel 1 2 3

Amós 1 2 3 4 5 6 7 8 9

Abdías 1

Jonás 1 2 3 4

Miqueas 1 2 3 4 5 6 7

Nahúm 1 2 3

Habacuc 1 2 3

Sofonías 1 2 3

Hageo 1 2

Zacarías 1 2 3 4 5 6 7 8 9 10 11 12 13 14

Malaquías 1 2 3 4

NUEVO TESTAMENTO

Mateo 1 2 3 4 5 6 7 8 9 10 11 12 13 14 15 16 17 18 19 20 21 22 23 24 25 26 27 28

Marcos 1 2 3 4 5 6 7 8 9 10 11 12 13 14 15 16

Lucas 1 2 3 4 5 6 7 8 9 10 11 12 13 14 15 16 17 18 19 20 21 22 23 24

Juan 1 2 3 4 5 6 7 8 9 10 11 12 13 14 15 16 17 18 19 20 21

Hechos 1 2 3 4 5 6 7 8 9 10 11 12 13 14 15 16 17 18 19 20 21 22 23 24 25 26 27 28

Romanos 1 2 3 4 5 6 7 8 9 10 11 12 13 14 15 16

1 Corintios 1 2 3 4 5 6 7 8 9 10 11 12 13 14 15 16

2 Corintios 1 2 3 4 5 6 7 8 9 10 11 12 13

Gálatas 1 2 3 4 5 6

Efesios 1 2 3 4 5 6

Filipenses 1 2 3 4

Colosenses 1 2 3 4

1 Tesesalonicenses 1 2 3 4 5

2 Tesesalonicenses 1 2 3

1 Timoteo 1 2 3 4 5 6

2 Timoteo 1 2 3 4

Tito 1 2 3

Filemón 1

Hebreos 1 2 3 4 5 6 7 8 9 10 11 12 13

Santiago 1 2 3 4 5

1 Pedro 1 2 3 4 5

2 Pedro 1 2 3

1 Juan 1 2 3 4 5

2 Juan 1

3 Juan 1

Judas 1

Apocalipsis 1 2 3 4 5 6 7 8 9 10 11 12 13 14 15 16 17 18 19 20 21 22

NOTAS

1. Este texto fue levemente adaptado de una edición previa del *Topical Memory System* (*Sistema de Memorización por Temas*), (1999).
2. Jim Petersen, *Evangelism as a Lifestile* (Colorado Springs, CO: NavPress, 1980). Publicado en español como *Evangelización: Un estilo de vida.*
3. Ole Hallesby, *Prayer* [La oración] (Minneapolis: Augsburg, 1975), 20.
4. Robert Boyd Munger, *My Heart—Christ's Home* [Mi corazón, el hogar de Cristo] (Downers Grove, IL: InterVarsity Christian Fellowship, 1986), impreso con permiso de InterVarsity Press, Downers Grove, IL 60515.
5. Lorne C. Sanny, *How to Spend a Day in Prayer* [Cómo pasar un día en oración] (Colorado Springs, CO: NavPress, 2009).

NCM se enfoca en ayudar a las iglesias a llegar a ser más deliberadas en cuanto al discipulado y el alcance. El personal de NCM ayuda a pastores, líderes de iglesia y obreros en todas partes de los Estados Unidos a desarrollar una estrategia eficaz y personalizada para lograr la gran comisión.

NCM trabaja lado a lado con la iglesia local para aumentar culturas deliberadas, hacedoras de discípulos, como se refleja en la siguiente ilustración:

Creciendo culturas *deliberadas*, hacedoras de discípulos

Un proceso para ayudar a las iglesias a enviar obreros a sus comunidades

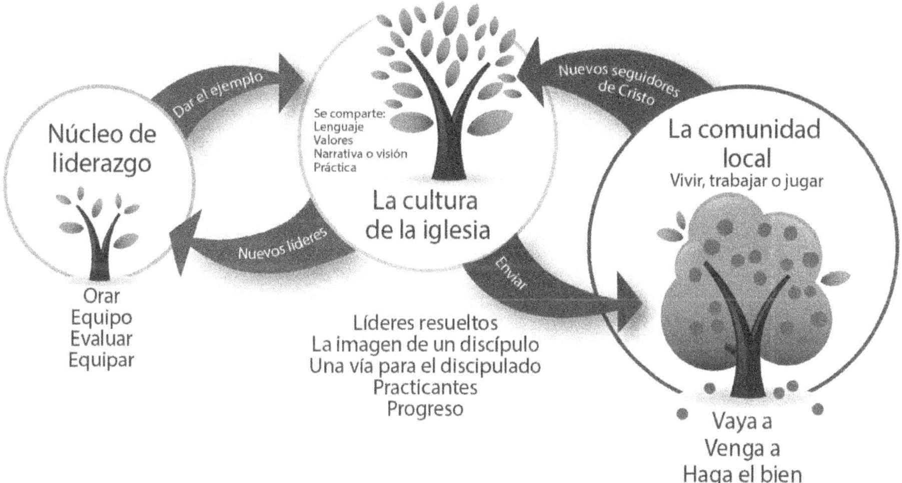

NCM también ofrece cursos, materiales y adiestramiento para ayudar a la iglesia local a ver florecer el discipulado en generaciones sucesivas. Visite nuestra página web para más información acerca de cómo NCM puede ayudarle.

www.navigatorchurchministries.org
o envíe un correo a ncm@navigators.org
o llame a la oficina de NCM al (719) 594-2446
o escriba al PO Box 6000, Colorado Springs, CO 80934

CP1160